KB041928

LADIES AND ARCHITECTS
숙녀와 건축

LADIES AND ARCHITECTS

숙녀와 건축

초판 1쇄 인쇄일 2018년 3월 2일
초판 1쇄 발행일 2018년 3월 9일

지은이 김혜정
펴낸이 양옥매
디자인 표지혜
교　정 조준경

펴낸곳 도서출판 책과나무
출판등록 제2012-000376
주소 서울특별시 마포구 방울내로 79 이노빌딩 302호
대표전화 02.372.1537　팩스 02.372.1538
이메일 booknamu2007@naver.com
홈페이지 www.booknamu.com
ISBN 979-11-5776-534-8(03610)

이 도서의 국립중앙도서관 출판시도서목록(CIP)은 서지정보유통지원 시스템
홈페이지(http://seoji.nl.go.kr)와 국가자료공동목록시스템
(http://www.nl.go.kr/kolisnet)에서 이용하실 수 있습니다.
(CIP제어번호 : CIP2018006609)

LADIES AND ARCHITECTS

숙녀와 건축

김혜정 지음

책과나무

건축은 숙녀의 일

숙녀가 건축을 한다고? 모두가 의아해한다. 숙녀는 어학 사전에 소개된 의미로 보면 "교양과 예의와 품격을 갖춘 현숙한 여자"를 말한다. 그렇다. 건축설계를 하는 건축가는 남녀 막론하고 교양과 예의와 품격이 기본이다. 그래야 타인을 위한 공간을 만족스럽게 설계할 수 있다.

나도 숙녀라 자칭한다. 그리고 대학 때부터 지금까지 40년 이상을 처음 만나는 사람에게 듣는 말은 건축하는 사람 같지 않단다. 음악이나 패션디자인을 하는 것 같다고 한다. 심지어는 문과 전공 교수 같다는 말을 듣기도 한다. 건축학 전공 여자교수와 타 전공 여자교수는 어떻게 차이가 나야 할까?

나는 되묻는다. "건축하는 여자들은 어때야 하는데요?" 돌아오는 답은 하나같이 남자 같고, 씩씩하고 거칠어 보여야 한다는 것이다. 그런데 내가 알고 있는 설계사무소를 운영하는 여자 후배들은 하나 같이 숙녀 분위기이다. 여성스럽다. 이상한 선입관이 지배하는 세상에 살고 있어 슬프다 못해 이제는 설명하기조차 힘들고 지쳤다. 지치게 하는 세상을 누가 만들었을까?

전혀 그래 보이지 않는 신사도 집에 가서 스스로 밥 차려 드실 수 있다. 신사가 요리하는 것을 보면 멋있다고 과찬하고 숙녀가 망치질을 하면 "아니, 보기와는 다르게 팔자가 사나워 여자가 망치질을 한다!"고 선입관을 가진다. 여성이 하는 일이 아니라고 생각하는 일을 하면 의아해하거나 여자가 드세다고 단정한다. 그리고 무엇보다 건축설계는 건축공사와는 달라 매우 여성적 성향의 일이다.

건축은 숙녀들에게 잘 맞는 전문 분야이다. 여성들은 본래 자신의 장소에 관심이 많다. 동물들도 마찬가지로 암컷은 장소적 특성에 민감하다. 안전한 곳에 서식처를 찾아 새끼들을 보호하는 것은 암컷들의 본능이다. 원시시대부터 사람들도 마찬가지로 그 부족에서 나이가 많고 경험 많은 여성들은 이동하면서 안전한 장소를 찾는 지혜가 발달했다. 부족들을 보호하는 본능적 감각이다.

이러한 책임감은 감각을 발달시키고 사회 유전적으로 여성들에게 전해 내려온다. 이것은 여성들이 선천적으로 정착지에 대한 공간 감각이 발달해 있다는 신호이다. 남성들은 사냥하며 이리저리 다녀야 하는 책임으로 공간의 방향 감각이 필요에 의해 발달했다. 이를 건축 적성에 맞는 공간감이라 정의한다. 하지만 건축은 방향 감각이나 3차원 조형 감각으로만 이루어지지 않는다. 건축은 안정적이며 편안한 장소 감각을 필요로 한다.

그러나 현대 여성들이 이러한 공간 감각이 왜 퇴화되었을까? 문명사회가 되면서 인위적으로 무엇을 만든다는 일 중에 가장 규모가 큰 작업이 도시 만들기와 건물 짓기였기에 여성들은 철저히 소외되었다. 거대 규모의 만드는 일은 모두 남성들의 몫이 되었다. 산업구조 속에서 여성 전문가들은 발을 들여 놓기 힘들게 하는 여성을 소외시키는 사회 시스템의 문제이다.

만드는 일 중에 밥 만드는 일, 옷 만드는 일은 본래 여성들 몫이었다. 그러나 현대는 음식을 대규모 산업화하여 전문적으로 잘하는 사람들은 남성들이다. 마찬가지로 옷 만드는 일을 산업화하여 대규모로 생산하는 분야도 여성보다는 남성이 월등히 많다.

이러한 전문직에 여성이 불리해진 이유는 산업구조 외에

도 창의성의 문제가 있다. 숙녀가 건축에 불리해진 이유도 창의성이 한몫한다. 건축은 창의적인 일이다. 그러면 여성들의 창의성은 어떨까? 사회 유전적으로 내려오는 차별적인 교육 문제로 여성들의 창의성은 발달하지 못했다.

본래 선천적으로 여성들은 융통성이 높다. 응용을 잘한다. 그런데 교육이 문제였다. 집안에서 남자 아이들이 일상적이지 않고 특별하게 기이한 생각을 말하면 어려서부터 칭찬받아 왔다. "우리 아들이 이렇게 기이한 생각을 해냈어!" 남다르다는 칭찬과 함께 커서 좀 색다른 일을 할 것이라는 기대감을 가질 수 있도록 북돋우어 준다. 그러나 딸들이 새로운 생각을 하면 "여자아이가 별나게…."라는 핀잔을 준다.

이렇듯 여성들은 기존에 있어 온 대로 순종하고, 창의적인 재능을 숨겨 가며 일반적인 사고를 강요받아 왔다. 특히 규모가 큰 스케일의 만드는 일이나 중요한 발명을 필요로 하는 전문 분야에 있어서 여성의 출현은 어느 사회에서든 관대하지 않아 왔다. 특히 숙녀로 강요받을 때는 더욱 심했다.

그러나 여성의 창의성이 때로는 폭발하는 경우도 있다. 재능 있고 학식 있는 유능한 여성들은 20세기 초반까지는 유명 남성들에게 새로운 창의적인 생각을 태동시키는 뮤즈 역할을 해왔다. 유명 건축가가 탄생하는 데도 언제나 여성 뮤즈가 있었다. 가까이는 모친, 여성 친구, 애인 등의 역할로 새로운 아이디어를 실현시키는 데 용기와 자부심을 가지고 아이디어를 밀어붙일 수 있도록 힘을 주는 여성들이 꼭 있다.

새로운 아이디어가 샘솟고 실현하도록 부추기는 역할을 하는 여성들을 뮤즈라 한다. 뮤즈 중에는 그 분야에 재능 있는 여성들이 자신의 지식과 창의력을 남성에게 전달하여 아이디어를 발전시키고, 새로운 작품을 할 수 있도록 보조자의 역할을 하는 경우들이 종종 있다. 예술 분야는 매우 그렇다.

건축도 마찬가지로 공간에 대해 새로운 환경을 상상하고, 이를 남성 건축가가 표현하도록 배경을 제공하는 여성들이 있어 왔다. 지금 세계 곳곳에 서 있는 유리빌딩을 처음으로 시도한 유명한 독일 건축가 미스 반 데 로에는 그가 설계해 오던 신고전주의 건축에서 탈피하여 미니멀 스타일의 모던 건축으로 전환할 때 텍스타일Textile을 전공한 릴리 라이흐라는 여성과 가까워지면서 디자인 스타일을 바꾸게 되었다.

힘이 부족한 여성들이 밭일을 쉽게 하기 위해 남자들이 호미를 발명하도록 아이디어를 제공하고 여성들이 옷감을 짜는 베틀일이 힘들어 방적기를 발명하게 했다는 사실처럼 건축계에도 새로운 유명 건축이 탄생되는 데는 뒤에서 아이디어가 태동하도록 여성들이 큰 역할을 했다. 특히 새로운 주택 유형인 경우는 더욱 그렇다. 새로운 시대를 생각하며 창의적인 생활을 꿈꾸는 여성들의 생활공간에 대한 아이디어는 새

숙녀와 건축

로운 건축이 태동하는 근원이 된다.

건축에 관심이 있지만 전문 지식을 공부한 적이 없는 여성이 건축가와 함께 아이디어를 나누며 세기의 걸작 주택을 만들어 낸 경우들이 종종 있다. 품격 있는 여성이 자기가 살고 싶은 주택을 상상하면서 건축가에게 자신의 아이디어를 잘 전달하여 기발한 아이디어의 걸작 주택을 만든 사례들이다.

현대는 생각이 유연하고 융통성이 있는 여성들이 새로운 장소를 상상하며 건축설계에 아이디어를 쏟아 낼 수 있는 전문교육을 받을 수 있다. 조용하고 차분하고 상상력이 뛰어난 여성들이 건축설계 전문직에 잘 맞는다.

본래 장소 지향적 감각은 여성들이 태고부터 발달시켜 온 감각이기 때문에 이러한 재능을 찾아 건축 공간을 만드는 일에 전문인으로든 비전문인으로든 여성들이 건축에 대한 막연한 어려움을 극복하고 자신 있게 건축을 대할 수 있도록 희망하며 이 글을 쓴다.

1부 숙녀 건축가가 들려주는 건축 이야기

2부 **창의적 숙녀가 사는
새로운 주택 이야기** : 20세기 건축사를 장식한 주택 3

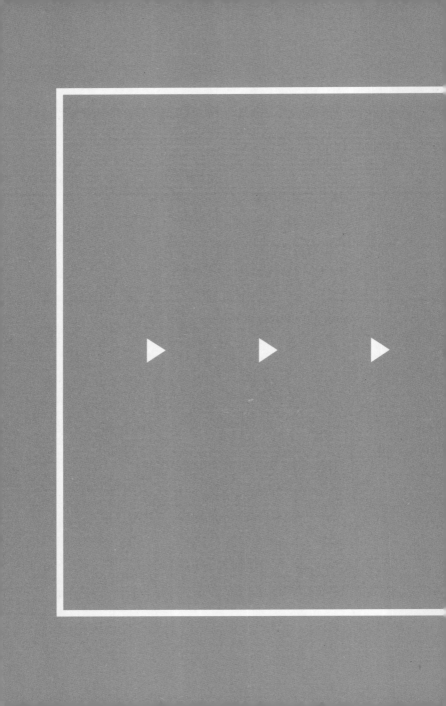

숙녀 건축가가
들려주는
건축 이야기

신사 숙녀 여러분,
그리고 건축가

─────────────────────
─────────────────────
─────────────────────
─────────────────────
─────────────────────
─────────────────────
─────────────────────
─────────────────────
─────────────────────
─────────────────────
─────────────────────

　　신사는 어학사전을 찾으면 "사람됨이나 몸가짐이 점잖고 교양 있으며 예의바른 남자"로 정의되고 있다. 영어 'gentleman'의 'gentle'은 "온화한"을 뜻한다. 부드러운 남자가 신사라는 전통적인 의미는 현대에 와서 "교양 있는"이 더해진다. 'gentleman'과 대비하여 남성을 표현하는 '마초 macho'는 남자다움을 과시하는 즉, 강인하고 투박한 남자의 성향을 뜻한다. 신사와는 뚜렷하게 구분된다.

숙녀는 어학사전에서 "교양과 예의와 품격을 갖춘 현숙한 여자"로 설명된다. 어쨌든 신사와 숙녀의 공통어는 "교양과 예의"임이 분명하다. 교양 있고 예의바른 사람은 어느 나라 어느 상황에서도 많은 사람들로부터 존경받아 왔다.

그런데 요즈음 젊은 층에서는 전통적인 교양과 예의를 지닌 사람을 고리타분한 사람으로 분류하는 것을 종종 본다. 말은 정제하지 않고 거침없이 내뱉으며, 사려 깊은 행동보다는 즉흥적인 행동을 스스럼없이 하는 사람들이 젊은 세대와 화통하게 공감한다는 분위기이다.

그러나 전문가는 다르다. 온화하고, 교양을 갖추고 품위 있는 사람이 전문직종에 일을 하게 되면 왠지 모르게 신뢰가 가고 그 사람을 찾게 된다. 특히 사람들이 건물을 짓는 일은 일생에 한 번 또는 두 번 있을까 말까 한 일이다.

건축주는 많은 자본을 사용하면서 원하는 공간을 가지기를 희망한다. 공간을 가진다는 것은 그 공간이 크든 작든 간에 세상에서 가질 수 있는 가장 큰 대상이다. 의복이나 취미용 수집품, 보석보다도 훨씬 크다. 그리고 웬만하면 일상 생활필수품 중에서는 가장 많은 돈을 지불하고 소유하게 된다.

더구나 자신이 어느 정도 경제력이 되었을 때 자기가 원하는 건물을 짓는다면 우선 원하는 바를 잘 파악하여 건축으로 표현하고 원하는 공간들을 잘 배치하여 불편함이 없이 요구를 충족시킬 수 있는 실력 있는 전문가를 찾을 것이다. 건축가 중에서도 신뢰가 가고 고집스러운 카리스마는 있지만 성품이 부드러운 사람에게 건축주는 끌리고 일을 맡길 확률이 크다.

이러한 이유 때문에 건축을 하려는 학생들은 기초교양을 잘 갖추어야 한다. 그리고 자신의 품격을 높이는 학습을 해야 한다. 전문 분야의 학습은 시간을 두고 지속하면서 설계하고 지어지는 것을 경험하며 실력을 키워 나가야 한다.

그러나 인품을 다듬으며 품위 있는 전문가가 되는 학습은 건축학과에서는 가르치지 않는다. 스스로 자신을 다듬어 나가야 한다. 말하는 연습, 목소리를 다듬어 상대방을 설득하는 연습, 행동을 품위 있게 하는 학습, 표정 짓는 학습, 신뢰감이 저절로 풍기도록 내면의 멋을 키우는 학습 등은 개인이 스스로 키워 가야 하는 교양 실력이다.

신사 숙녀의 조건을 갖춘 건축가가 많은 사회는 품격 있는 생활환경을 가질 수 있다. 건축가는 사람들이 살아가는 도시를 계획하고, 건물을 설계하고, 공간을 만들어 가는 사람들이기 때문이다. 자신이 품위가 있어야 품격 있는 환경을 만들 수 있다. 품위 있는 사람들이 격이 높은 공간의 조건들을 자연스럽게 알고 있다. 흔히 고기도 먹어 본 사람이 고기 맛을 안다고 하지 않는가.

마찬가지로 좋은 공간을 설계하는 사람은 좋은 공간에 노출되어 보고, 좋은 공간이 몸에 배어야 한다. 그래야지만 남을 위해 좋은 공간을 제안하고 만들어 줄 수 있을 것이다. 그래서 건축을 전공하는 사람들은 예술 등 수준 높은 문화적 소양을 먼저 길러야 한다.

집을 지으려는 사람들은 자신이 지으려는 건물을 미리 탐색한다. 여행을 하면서도 마음이 끌리는 곳을 기억하고 사진을 촬영하고 기록한다. 잡지를 보면서도 어렴풋이 원하는 장소와 공간들을 미리 공부하고 자료도 모은다. 그리고 경제력이 갖추어졌을 때 집을 지으려 한다.

그런데 사람들은 어느 정도 경제력을 갖추면 문화를 찾는다. 그리고 품격 있게 살고 싶어 한다. 인간의 본능이다. 그래서 본인만의 특별한 공간을 가지고 싶어 한다. 이런 건축주와 만나 그들이 요구하는 공간을 설계하려면 건축가는 더 높은 품격을 갖추어야 한다. 일반인들을 선도해 나갈 수 있는 격조 높은 취향을 갖추도록 노력해야 한다.

어느 직종에서든 그 분야의 전문가로 신뢰받고 사회적으로 존경받으며 자신의 전문적인 일을 잘해 나가는 사람들의 공통점은 예의를 갖추고 있고, 다방면에 교양을 겸비해 내공이 쌓여 있는 모습이라는 점이다.

IT 분야의 빌게이츠도, 건축 분야의 빌바오 미술관을 설계한 미국 건축가 프랭크 게리, 헤이그 시청사를 설계한 미국의 리차드 마이어, 샌프란시스코 자연사 박물관을 설계한 이탈리아 건축가 렌조 피아노, 런던 시청사와 구글 사옥을 설계한 영국의 건축가 노만 포스터, 파리의 퐁피두 미술관을 설계한 리차드 로저스도, 루브르 박물관 유리 피라미드를 설계한 중국계 미국 건축가 아임 페이도 모두 신사 건축가의 모습으로 성공적인 건축가의 삶을 살아가고 있다.

성공적인 건축가라면 국가의 대표적인 건물을 설계할 뿐만 아니라 다른 나라에 초청받아 설계를 하게 되는데, 이때 그 나라의 고위직 공무원과 만나 설계 일을 의논하고, 그 국가를 대표하는 대기업의 CEO와 미팅한다. 소위 한 시대를 좌지우지하는 건물을 설계하는 대가 건축가들은 예나 지금이나 품위 있는 신사의 조건을 갖춘 건축가들이다.

계란이 먼저인지 닭이 먼저인지 말할 수는 없으나 한 전문직에서 깊이 있게 소양을 쌓아 인정받는 단계에 들어가면 전문직 외에 폭넓은 교양과 매너를 닦아 신사의 이미지를 만드는 노력으로 신사의 품격을 유지할 수 있거나, 반대로 신사의 조건을 갖춘 전문가이기 때문에 신뢰감을 줄 수 있는 장점으로 사회적으로 중요한 건축물의 설계를 의뢰받는 기회가 많을 수도 있다.

분명한 점은 동네 보수공사 수준의 일을 하는 건축가로

머물지 않고 적어도 한 사회에서 나아가 세계에서 인정받는 건축가로 활동하기 위해서는 건축 실력은 물론이고 신사의 조건을 갖추는 인품이 기본이라는 점이다.

그러면 건축을 하는 여성들은 어떨까? 그 사회의 인지도 높은 중요한 건축설계를 의뢰받고 잘 수행한 세계의 여성 건축가들이 숙녀의 이미지를 가지고 있는 점은 부인할 수 없다.

세계 어느 국가에서도 그 사회에서 성공한 여성 건축가들은 여성스러우며 부드러운 이미지이지만 일은 철저하고 책임감 있게 수행한다. 미국의 여성 건축가 스콧 브라운, 미국 하버드대학의 건축학과장을 지낸 여성 건축가 토시코 모리, 미국의 여성 건축가이며 교수인 엘리자베스 딜러도 예의와 품격이 풍긴다. 성공한 남녀 건축가는 모두 신뢰감을 줄 수 있는 품격 있는 이미지를 지니고 있다.

건축가의
옷차림

오래전 영국의 건축학교 서점에 『건축가는 왜 검정 옷을 입을까』라는 작은 책이 있어 흥미로워 구입했다. 이유는 여러 가지이다. 평소에 검정색상 의상을 입는 건축가들은 대부분 젊은 유럽의 건축가들이다. 특히 하늘의 청명도가 높지 않는 우중충한 기후의 도시는 무채색이 잘 어울린다. 그래서 건축가가 아닌 다른 직종의 사람들도 검정색과 무채색을 즐겨 입는다.

검정은 아무 유채색과도 어울리며, 주변 모습을 강조하는 배경색으로 더없이 좋은 색이다. 배우는 얼굴과 표정을 강조할 때 검정 옷을 즐겨 입는다. 음악 연주자들은 음악의 소리와 악기의 움직임을 강조하기 위한 배경으로 검정색 드레스를 착용한다.

그 무엇보다도 검정색은 신뢰감을 부여한다. 색상과 의상에 크게 신경 쓰고 싶지 않은 사람들은 검정을 즐겨 입는다.

신사 숙녀는 외모로 자신을 표현한다. 외모에 신경을 쓴다는 말이다. 당연하다. 시각으로 자신의 아이디어를 표현하는 일이 건축가의 주요 작업이다. 건축은 보이지 않는 문화를 해석한 후 물질을 사용하여 가시적인 장소로 만들어야 한다. 말로 하는 작업도 아니고 결과는 시각물로 표현한다. 그래서 건축가들은 자신의 외모를 나름대로 적절하게 표출하도록 신경 쓴다. 자신의 표현이 안 되는 사람은 건축가가 될 기본이 되지 못한다.

종종 기혼 건축가들은 부인이 관리해 주는 모양이다. 그것도 문제다. 너무 바빠 자기 물건을 구매할 시간이 부족해 부인의 도움을 받을 수는 있어도 코디는 스스로 해야 한다. 내가 알고 있는 대부분의 건축가들은 자기 물건은 자기가 구입한다.

종종 부인들이 건축가 남편이 사치스럽다고 남자가 무슨 쇼핑이냐고 불평하는 것을 듣는다. 의사는 하얀 가운을 입으면 된다. 사무원이나 CEO는 와이셔츠에 넥타이를 하면 사회적으로 받아들여진다. 화가는 청바지에 작업 티셔츠나 주머니 많은 어깨에 끈이 있는 헐렁한 작업복이면 된다. 그러나 건축가는 정해진 의상 이미지가 없다.

한때 우리나라 건축가들 사이에서 검정 넥타이가 유행이었다. 50년 전, 화이트칼라 전문직에 종사하는 남성이라면 모두 넥타이를 해야 했던 시절에 건축가 미스 반 데 로에는 검정 넥타이를 매일 했다. 건축가의 경제력이 좋지 않아 검정 넥타이 하나로 매일 출근했을 수도 있다. 장롱 속 검정 넥타이 수가 공개되지 않았으니까. 이후 그를 멘토로 하는 건축가이든 그렇지 않은 건축가이든 일본의 야쿠자 집단과 같은 검정 넥타이로 건축가의 직업의식을 나타낸 시절이 한때 있었다.

그의 패션과는 다르게 동시대에 활동한 프랑스 건축가 르 꼬르뷔지에나 미국의 건축가 프랭크 로이드 라이트는 연회용 보타이를 즐겨했다. 그래서 다른 부류의 건축가들은 보타이로 건축가 이미지를 전달하기도 했다. 보타이에 파이프 담배가 문화인을 상징하는 시대에 활동한 건축가들의 표준 의상이었다.

화이트칼라 사무직종의 표준 이미지인 넥타이 패션을 버

숙녀와 건축

리고, 일본의 건축가 안도 다다오는 넥타이를 하지 않아도 되는 중국풍 밴드스타일 드레스셔츠에 양복 정장 패션을 고집한다. 그래서인지 우리나라 건축가들이나 일본 건축가들에게는 밴드스타일 드레스셔츠에 양복을 입는 패션이 건축가의 최대 예의를 갖춘 스타일이 되었다.

지금은 IT 직종의 스티브 잡스 패션이 건축가에게 유행이다. 그런데 빌 게이츠는 또 다르다. 건축가는 IT업종을 따르는 것도, CEO를 따르는 것도 바람직하지 않다. 나름대로 건축주가 매료되는 패션으로 자신을 표현해야 한다.

프리츠커상을 받은 일본 건축가 시게루 반은 프리츠커상 시상식에서 자신이 입고 있는 의상은 패션디자이너인 모친이 특별히 디자인한 옷이라고 자랑스럽게 말했다. 이처럼 개성 있으며 건축가의 분위기를 나타내는 패션에 자신의 건축설계만큼이나 신경 쓰는 것을 알 수 있다.

간혹 건축설계는 3D 작업이라며 작업복을 건축가의 표준의상처럼 여기는 건축인을 만난다. 사무실에서 작업할 때는 괜찮다. 그러나 건축주를 만날 때나 공적인 장소에 건축가로 참석할 때는 의상을 갖추어야 한다. 왜냐하면 적어도 건물을 의뢰하는 경제력이 되는 건축주는 의상을 갖추기 때문이다.

건축주가 정장을 하면 건축가도 정장을 해야 한다. 자신이 정말 세계적으로 이름이 알려진 건축가가 되기 전까지는 예의를 갖춘 의상으로 건축주를 대해야 한다. 그렇지 않으면 건축가는 건축가로 대접받지 못하고 집을 대신해서 지어 주는 집 짓는 사람으로 대접받을 수 있다. 차려입는 거지가 밥도 구한다는 말이 있지 않은가. 그렇듯 건축가도 분위기 있는 외모로 자신의 이미지를 만들어 가야 한다. 건축은 시각작업이기 때문이다.

세계적인 건축가들은 작업복 차림으로 건축주나 공공의 장소에 공적인 일로 자리하지 않는다. 다만 도시 공무원으로 건축전문직 일을 수행할 때는 검소해 보이는 그리고 자신이 공공건축가이기에 서민들에게 다가가기 위해 정장은 피한다. 그러나 세계적으로 인정받은 저명한 건축가들은 이러한 공공의 일을 수행할 때도 품격 있는 신사의 모습을 유지한다. 타인에게 예의를 차리는 것이 신사의 기본이기 때문이다.

그렇다고 사치스럽게 차리라는 뜻은 아니다. 사치는 신사 숙녀의 조건이 아니라 멀리해야 하는 조건이다. 일반인을 선도하는 품위가 몸에서 배어 나오는 향기로운 품격이 풍길 때 궁극적으로 그 분야에서 인정받는 전문가로 지속할 수 있는 것이 현대의 인간 사회이다.

그런데 숙녀 건축가는 어떨까? 프랭크 로이드 라이트와 동시대 건축가인 줄리아 모건은 우아한 드레스 차림으로 건

숙녀와 건축

축설계를 했다. 무척 많은 일을 수행한 사무실의 대표로 100여 년 전 여성 건축가 1세대이며, 여성들이 바지를 입지 않은 시대에 활동한 건축가이다. 모자와 드레스를 코디한 정장 차림의 여성 건축가는 숙녀의 모습을 최

대한 유지하며 성공적인 건축가의 길을 걸었다.

현대 여성 건축가들은 하나의 패션을 따르지 않는다. 자신만의 패션이미지로 건축주들에게 어필한다. 적어도 자신의 건축 언어나 자신의 이미지를 표현할 수 있는 건축가여야 기본자세를 갖춘 건축가라 말할 수 있다. 건축은 창의적이며 시각 작업을 하는 분야이기 때문이다.

건축가는 논쟁이
필요 없다

"건축가는 논쟁이 필요 없다.
건축주의 선택이 있을 뿐이다."

2017년 UIA 세계건축대회장 강연에서 중국 칭화대학의
건축학과 리 시아동 Li Xiadong 교수가 한 말이다.

건축은 논쟁이 필요 없고, 선택만이 있다. 동의한다. 과
거 이탈리아에서 바티칸 성당을 지을 때도 미켈란젤로만이

26

건축가였겠는가? 뉴욕의 구겐하임 미술관을 지을 때도 프랭크 로이드 라이트만이 건축가였을까? 구겐하임 미술관이 지어졌을 때는 구조적으로는 매우 실험적이었으며, 형태 또한 그 당시에는 접할 수 없었던 매우 색다른 건물이었다. 새로움을 추구하고 새로운 표현을 즐기고 싶은 건축주의 선택이었다.

특히 현대사회는 다른 형태의 건축 언어로 자기 건축을 확실하게 표현하는 건축가들이 수없이 많다. 종종 우리나라 중요한 건축물을 왜 해외 건축가들에게 설계를 의뢰하는지 국내 건축가들의 비판어린 푸념을 종종 듣는다. 대답하기 곤란한 질문이다.

우리나라 건축가들이 건축주의 성향을 만족시키지 않아 해외에서 건축가를 찾는다고 대답할 수도 없고, 우리나라 건축가들의 설계는 모두 비슷비슷해서 좀 더 개성 있는 건물을 소유하고 싶고 사옥 이미지를 좀 더 강렬하게 표현하고자 창의적이고 개성 있는 건축가를 찾다 보니 해외 건축가들이라고 말할 수도 없다.

그냥 선택이다. 서울의 리엄미술관, 서울 광화문과 강남의 교보빌딩, 원주의 뮤지엄 산, 제주도의 본태박물관 등 해외 건축가들의 건축설계가 모두 건축주 개인의 선택이다. 이렇게 지어진 건물을 누가 뭐라 혹평할 수 있겠는가? 개인 건축주는 개인의 취향으로 원하는 이미지를 건축 언어로 표현해 주는 건축가를 선택할 수 있다.

인지도가 높은 건물일수록 해외 건축가의 설계에 대해서는 한국 건축가에게 기회가 오지 않은 것을 불만스러워하며 오래오래 비난한다. 그러나 한국 건축가가 설계한 인지도 높은 건물에 대해서는 더욱더 신랄하게 평가한다. 건축주는 건축가 선정에 매우 현명하다. 건축비평가나 건축가들끼리 아무리 혹평해도 건축주가 원하는 대로 건축가는 정해진다.

신사 숙녀 건축가는 입도 무거워야 한다. 적어도 나 아닌 다른 건축가가 설계한 건물에 대한 평가에 대해서는 더더욱 그렇다. 해외 신사 건축가들의 많은 인터뷰에서 가끔 기자들이 장난기가 발동하여 논란이 있는 건물에 대해 다른 건축가에게 질문을 하는 일을 가끔 본다. 세계가 인정하는 유명 신사 건축가들이 단 한 번이라도 타인이 설계한 건물에 대해 혹평하는 일은 본 적이 없다.

다만 건물 설계를 여러 번 하지 않고 비평가의 길을 걷는 몇몇 건축가만이 특정 건축가를 심하게 혹평하는 경우는 있다. 그러나 그 비평가는 이미 성질 좋지 않은 그리고 신사가 아닌 것으로 그 사회에 찍혀 있는 인물이다. 그리고 끝내는 건축설계를 오랫동안 지속하지 못하고 일찍 손을 놓게 된다. 신사가 아님을 건축주들이 눈치챘나 보다.

대부분 건축주들은 발표된 건축가의 작품을 보고, 그 건물이 자신이 원하는 이미지의 건물일 때 설계한 건축가에게 관심을 가진다. 그다음은 건축주와의 관계에서나 여러 일을 수행하는 과정에서 기술분야팀들과 잘 협조해 나가는지를 이전 건축주에게 자문받고 일을 최종 의뢰한다. 그 일이 중요하고 규모가 크고 자본이 많이 투입될 때는 더욱 그러하다.

　여러 나라의 건물을 설계하는 건축가들은 이미 지어진 건축으로 인정받은 건축가들이다. 초기에 몇 개의 건물을 하고 일을 중단한 건축가들은 건축주의 요구를 충족시키지 못했거나 시공 단계에서 문제가 있었던 건축가라 본다. 아니면 자신의 터무니없는 주장만을 고집하는 괴팍한 성격의 건축가였을 수도 있다.

　어느 사회에서든 작품에 대한 고집이 센 건축가는 받아들여지나 성격이 모나다는 평을 받는 건축가가 오랫동안 작품을 지속하는 경우는 드물다. 시작부터 마무리까지 건축주와 소통하며 진행되어야 하는 작업이기 때문이다.

　건축은 순수예술처럼 완성 단계에서 작품을 파는 분야가 아니다. 지어진 건물의 건축 형태나 공간의 분위기를 보고 건축주가 건축가를 선택한다. 자신의 건축 어휘를 선택받을 수 있도록 자신만의 언어를 구축해야 한다. 건축주가 이미 지어진 건물을 좋아하여 설계의뢰를 받으면 된다.

특히 남의 작품을 힐난하는 비신사적인 건축가는 세계적
으로 인정받는 건축가로서의 인품이 아니다. 그 사회에서 더
나아가 세계적인 건축가로 인정받기 위해서는 다른 건축가의
작품을 그대로 존중하는 교양부터 갖추어야 한다.

숙녀와 건축

동대문 디자인 플라자
예찬

_____
_____
_____
_____
_____
_____
_____
_____
_____
_____

　　건축을 하는 한국 남자들은 많은 경우 동대문 디자인 플라자를 설계한 여성 건축가에게 주눅 들어 있다. 위대한 창의력에 질려 하고 일생 한 번도 보지 못했던 형태의 건축에 뭐라 해석내리지 못해 어리둥절해한다. 그래서인지 술안줏감으로 자주 삼는다. 술자리에서 비하하듯 형태가 여성의 신체 부위를 닮았다는 등 별별 이야깃거리로 시작하여 그 여성의 개인 신상까지 실제가 아닌 이야기들을 지어내어 상상하며 떠든다.

여성 건축가가 설계한 건물이라 그러하다. 해외 남성 건축가들이 설계한 희한하게 생긴 새로운 형태의 건축물도 있지만 아무도 그렇게까지 입에 오르내리며 가십을 만들지는 않는다.

현재 우리가 익숙해 있는 20세기 초반의 장식이 모두 없어진 소위 국제주의 양식의 수직 수평 상자형 건축들은 그 당시에는 미래사회가 요구하는 새로운 건축 유형이라며 몇몇 유럽의 젊은 건축가들이 제안한 건축 형태이다. 지어진 당시에는 그 도시 가로의 다른 오래된 건축들과는 완전히 다른 모습으로 전위적인 형태의 아방가르드 건축물로 소개되었다.

20세기 초 유럽도시에 현재 우리가 익숙하게 살고 있는 아파트 단지와 직교체계의 넓은 도로망을 제안한 유명한 건축가 르 꼬르뷔지에는 그의 제안이 파리에서는 받아들여지지 않았으나, 우리나라와 같은 후발 산업국가에서는 그대로 받아들여져 익숙한 환경으로 자리 잡았다. 직교체계의 가로나 상자형 건축이 처음 스케치되어 나타난 것은 백 년 전이다.

그러나 그 당시 이러한 형태를 제안한 르 꼬르뷔지에의 건축에 대해 보수적인 비평가는 언론을 통하여 혹평했고, 르 꼬르뷔지에는 여기에 반박하여 "모르고 이해하지 못하면 그대로 받아들이라"고 대응하는 기록이 있다. 어떤 예술이든 획기적인 새로운 형태가 제안되면 생소하고 이해하기 어렵지만, 앞선 생각을 하는 창조적인 예술가는 내면의 위대한 생각을 예술로 표현한다. 그냥 표현하는 일은 없다.

건축가 르 꼬르뷔지에가 20세기 사회를 공업 중심의 생산 활동과 가치관을 예측하고 그 사회가 도래하는 것을 예견하여 직교체계의 획일적인 그리고 경제적으로 효율적이며 신속하게 공급할 수 있는 도시 모습과 건물을 제안하였다. 그러나 그 당시 장식이 없는 매끈한 새로운 형태의 건축은 유럽국가에서는 전쟁 복구가 필요한 독일을 제외하고는 받아들여지지 않았다.

마찬가지로 동대문 디자인 플라자를 설계한 자하 하디드의 건축관은 21세기 디지털 기반 사회를 예측하고 디지털 시대의 다방향적이며 다초점적인 문화현상에 첨단기술을 접목시켜 예전에는 본 적이 없는 새로운 형태의 건축 공간으로 표현하였다. 빠르게 변화하는 공간 문화를 감지하여 물 흐르듯 유동적으로 흐르는 정보화 사회를 대변하는 현대문화를 담아 동대문 디자인 플라자와 같은 건축을 설계하였다.

이러한 건축은 현대사회에서 컴퓨터 기술의 발달로 상상하는 모든 건축이 가능한 시대이며, 디자인의 자유로운 사고가 실현되는 시대이기에 가능하다. 자하 하디드의 자유롭게 흐르는 공간은 이 시대를 표현하기도 하지만 이를 위한 건축

시공 기술 또한 디지털 프로그램으로 풀 수 있는 기술을 확보하고 있었기에 가능하다.

동대문 디자인 플라자에는 일정한 하나의 출입문이 존재하지 않는다. 이 또한 주변의 흘러가는 사람들의 움직임을 자연스럽게 내부로 유입할 수 있도록 하고 하나의 방향이 아닌 다방향에서 진입하도록 내외부가 여러 곳에서 연결되어 열려 있다. 이러한 내외부 움직임을 유도하는 동선 또한 다양한 경로를 통해 정보를 접하는 현대인들의 정보 교류와도 유사하다.

자하 하디드는 보이지 않는 현대 생활 문화를 건축 언어로 공중에 회화를 그리듯 예술 작품으로 표현하였다. 마찬가지로 내부 공간은 하나의 초점을 이루는 고대 건축이나 20세기 초반의 건축에서 보는 공간들이 아니라 다양한 방향으로 시선이 열려 있고 사용자들이 자유롭게 선택할 수 있도록 공간이 연결되어 있다.

움직임의 경로는 사용자들이 선택하여 움직일 수 있도록 하여 사용자들의 의도에 따라 선택하는 물 흐르듯 유동적인 내부 공간을 가지고 있다. 동대문 디자인 플라자의 내부 공간은 건축가의 고정된 의도대로 사용자들이 공간을 사용하도록 하는 통상적인 유명 건축가들이 설계한 건축 공간과는 달리, 공간 사용이나 움직임의 경로가 강압적이지 않다.

이러한 공간조직은 정보화사회의 디지털 마인드를 가진 사람들이 살아가는 방식과도 유사하다. 일방적인 지식 전달 체계가 사라지고 정보를 다양한 인터넷 서핑으로 받아 개인의 주관적인 해석에 따라 창의적으로 지식을 축적하는 21세기 개인의 정보 축적 현상을 포함한 디지털시대의 사회 문화 현상을 연상시킨다.

정보 검색은 개인마다 경로를 달리할 수 있으며, 루트가 정해져 있지 않다. 자유롭게 흐른다. 동대문디자인플라자의 공간도 자유롭게 흐른다. 누가 감히 자하 하디드 건축 공간에 문화가 없다고 말할 수 있는가? 한국 일부 남성 건축가들의 오만과 치기에서 우러난 발언이라 본다.

독일과 미국에서 활동한 비디오 아트의 창시자 한국인 백남준은 20세기 초중반에 새로운 세계를 예견하고 예술 표현을 고민하며 시공간을 새롭게 표현하는 비디오 아트를 제안하여 세계적인 예술가로 인정받았다. 후대 예술가들은 예술과 공학을 접목하여 현재는 인터렉티브 예술이 보편적으로 자리 잡고 있다. 현대 디지털 기술은 고흐의 그림들이 화폭 속에서 움직이게 만든다. 그리고 암스테르담 고흐 미술관에서 전시되고 있다.

예술은 흐른다. 사회의 기술 진화에 따라서 예술의 표현도 진화한다. 건축도 진화한다. 건축은 사회 변화와 함께 변화하는 생명체이다. 새로운 형태의 건축이 획기적으로 새롭게 제안되고 지어지는 것은 천재 건축가나 할 수 있는 일이다.

천년만년 **변하지 않는 집**은
새집과 **벌집**이다

새집은 어느 지역, 어느 시기나 똑같다. 주변의 나뭇가지가 푸른색을 띠면 약간 푸르고 갈색을 띠면 갈색일 뿐 모양은 언제나 같다. 재료도 똑같다.

프랑스 파리 주변의 새집도 우리나라 새집도 모두 같다. 농촌의 나무 위의 새집도, 도시의 전봇대 위의 새집도 똑같다. 새에게는 문화가 없기 때문이다. 그냥 알을 낳고 새끼를 일정 기간 키우는 짧은 기간의 서식처일 뿐이다. 벌집도 마찬가지로 크기만 다를 뿐, 세계 어느 지역에서나 같다.

사람의 집은 천년만년 같을 수 없다. 같아야 한다고 주장할 수도 없다. 생활 문화가 진화하고 그곳에서 사는 사람들의 주거 공간의 요구가 달라진다. 건축은 그 사회의 문화와 문명을 표현하는 가장 큰 인공물이다. 음식을 먹는 그릇도 수저도 모두 진화한다. 당연히 음식도 진화한다. 천 년 전 모습으로 똑같이 살아도 불편 없는 사회는 변화하지 않은 사회이다. 문화와 문명이 진화하지 않은 사회라 본다.

사람은 새가 아니기에 새로운 형태의 집을 요구한다. 방과 방을 연결하는 방법과 구획하는 방법이 개인 생활의 변화에 따라 다르며, 이는 집의 형태를 결정짓는 중요한 요인이 된다. 옛 생활을 유지하는 부분도 있지만 대부분은 가족 구성원의 수가 달라지고, 개개인 가족의 생활이 다르고, 사회생활의 관계도 달라진다. 집에서 사람을 만나던 사회가 카페에서 사람을 만나는 사회로 바뀌고, 집의 형태와 크기도 당연히 과거와 다르게 진화한다.

이렇게 흐르는 사회 속에서 집은 고정적인 형태가 되어야 한다는 말을 감히 주장하기는 쉽지 않다. 100년 전 서구 건축가들이 새로운 건축으로 주장한 박스 형태의 소위 말하는 국제주의 양식의 건축을 현대사회에서도 모범으로 생각하는 건축가들은 사회 흐름에 대한 인지보다는 그들이 처음 건

숙녀와 건축

축을 접했을 때의 건축에서 벗어나지 못하는 아집이라 본다.

사람이 새가 아닌데 똑같은 집에서 천년만년 살라고 주장할 수는 없다. 그것도 서구에서 들여 온 전통도시이건, 모던한 20세기 도시이건 사람 사는 사회의 도시와 건축은 변한다. 사회 변화를 미리 감지하는 선구적이고 창의적인 건축과 도시 제안을 무조건 반대할 수는 없다.

상상력이 없이 새로운 것을 받아들이지 않는 보수적인 건축가는 미래지향적인 첨단 건축에 대해 비평해서는 안 된다. 르 꼬르뷔지에의 주장처럼 "시대에 업적을 남기는 자들에게 절대 폐를 끼치지 말라고! 이해가 안 되고 모르겠으면 그냥 받아들여" 다양성을 인정해야 한다. 세계의 새집처럼 도시 어디서나 어떤 용도의 건축이든 똑같은 건축을 시대가 변해도 그대로 지을 수는 없다. 문화의 디스토피아다.

르 꼬르뷔지에 이후 100년이 지난 21세기에도 르 꼬르뷔지에를 추종하는 건축가들은 21세기 미래를 내다본 새로운 건축을 혹평해서는 안 된다. 타인의 새로운 시도를 이해하지 못하고 공감하지 않으면 "그냥 그대로 받아들여야 한다." 세계가 인정하는 건축가는 인정받는 데는 그만한 이유가 있다.

자신의 취향과 다르다고 유럽의 고전에서 온 천 년 전 건축이나 100년 유럽에서 제안된 일반적인 건축을 똑같이 재현하는 것이 모범적 건축이라는 주장은 매우 위험하다. 사람은 새가 아니기에 사회 진화에 대응하여 건축기술도 형태도 진화하는 것이 사람 사는 사회이다. 사람이기에 새로움 속에서 새로움을 발견하고 배우는 것이 행복하지 않은가.

본성을 거스르고 사람들에게 표현의 자유를 억누르라고 주장하는 건축가들의 근원은 역시 중국을 기반으로 하는 도가사상에서 비롯된다. 그런데 중국을 대표하는 건축은 어떠한가? 중국풍의 표현을 대담하게 한다. 건축을 절제하지 않는다. 오히려 기회가 되면 더욱 대담하게 표현한다.

현대사회는 세계가 서로 긴밀하게 소통하며 모든 정보에 노출되어 있다. 사용자들에게 적어도 취향을 강요할 수는 없다. 건축가들 역시 1차 대전 직후 사회적인 분위기로 최대한 절제하여 표현하는, 즉 적은 것일수록 많이 표현한다는 "Less is More."를 주장하였지만 1950년대 서서히 시작된 탈근대주의 운동으로 절제된 표현은 "Less is Bore."라 함축하며 오히려 "적은 표현은 따분하다"라는 반동을 보였다.

건축의 표현은 시대를 따라 진화하고 발전되어 간다. 극도의 반발과 합의에 의해 정리되고 역동적으로 진화하는 것이 인간 사회의 순리이다.

상상력이 없는 사람은
과거에 집착한다

상상력이 없는 사람은 과거에 집착한다. 그래서 과거만 생각한다. 과거를 파고, 과거에 묻혀 헤맨다. 미래를 보지 않는다. 시간은 잡을 수 없고 건축 외적인 분야는 빠르게 변화한다.

건축만이 과거를 고집할 수는 없다. 가장 앞서가고, 미래를 예견해야 하는 전문 집단이며 생활을 적절하게 할 수 있도록 무대를 만드는 직업인들이다. 연극은 변화하는데 19세기, 20세기형 무대에 배우들을 세워 현대 연극을 하게 할 수는 없다. 관객을 감동시키지 못한다.

과거 집착형 건축이 있다. 그러한 건축관을 가진 건축인은 그러한 용도의 건축을 하면 될 뿐, 변해야 하는 새로운 건축기술을 개발하고 창의적이며 미래 지향적인 건축을 하는 건축가에 대해 무례한 언어를 사용하여 혹평하는 것은 예의가 아니다. 타인을 존중하는 교양 있는 신사 숙녀 건축가가 아니라 새집 같은 서식처를 짓는 건축가 집단에 분류될지도 모른다.

예전에는 건축 답사로 외국을 나가면 건축물 보기에 바빠서 숙소로 돌아오면 지쳐서 바로 잠들기 바빴다. 아침에는 한국에 별일 없나 TV 뉴스만 잠깐 보았다. 요즈음은 느긋하게 일찍 쉬면서 그 지역은 어떤 TV 방송을 하는지 여기저기 채널을 돌려 본다. 서구 국가들은 현대의 일상적 생활을 주제로 하거나 상상 속의 SF 드라마를 자주 마주하게 된다. 매우 비현실적이지만 기가 막힌 상상력을 동원하는 드라마들이다.

우리나라 TV 드라마는 사극을 자주 한다. 역사를 이렇게 해석하고 저렇게 해석해서 추리드라마로 흥미를 준다. 우리 시청자들은 과거를 현대적으로 재해석하는 드라마를 좋아하는가 보다. 미래보다는 과거 지향적 국민성을 가지고 있나 보다.

숙녀와 건축

건축도 마찬가지이고 도시 공간도 마찬가지다. 사회가 변하고, 기술이 발달하면 건축은 표현을 새롭게 한다. 모든 생활은 미래를 향해 가고 있지만 건축도시 모습은 과거를 재현한다. 더욱이 이방인의 입장에서 일시적인 해외 도시 공간들을 답사하고 그 도시의 천 년 동안 내려오는 도시 공간을 찬양하며 우리의 현대도시에 현재 시간에 재현하려는 시도는 더욱 이상한 일이다. 이렇게 우리의 도시는 뒤죽박죽 엉망이 되어 왔다. 과거에 집착하는 국민성 탓일까?

프랑스 파리를 보자. 루브르박물관과 콩코드 광장이 있는 역사지역은 그대로 유지한다. 라데팡스 신도시는 도시축을 유지한다. 구도심의 가로축은 존중하지만 그곳에는 새로운 건축, 새로운 시대를 위한 새로운 광장이 조성되어 그곳에서 상주하는 현대 파리 시민들의 일상생활에 맞는 공간들을 펼치고 있다.

라데팡스 지역의 건축은 프랑스의 새로운 기술을 뽐내는 새로운 재료와 첨단 모습의 건축으로 들어서 있다. 문화적 역사만큼은 전 세계 어느 국가보다도 깊으며 역사적 건축의 아름다움에 큰 자부심을 가지는 프랑스는 새로운 건축의 시도로 또다시 전 세계인들을 선도하며 앞서간다.

해체주의 건축가 프랭크 게리의 독특한 건축을 일찍이 받아들이고, 문화 상품이 앞서가듯 과거를 토대로 미래지향적 사고로 전통도시에 활력을 불어넣고 있다.

과거를 존중하는 만큼 현재도 미래도 중요하다. 철학자 딜타이 Dilthey는 "어제의 내일은 오늘이고 내일의 어제는 오늘이다."라고 했다. 오늘이 쌓여 내일이 된다. 오늘의 건축이 쌓여 미래의 모습이 된다. 과거의 복원은 과거만이 존재한다.

드라마의 해석처럼 전통 건축의 해석도, 과거 도시 공간의 해석도 어디까지 과거로 올라갈 것인지에 대한 의견이 다양하다. 이런저런 과거의 해석이 흥미를 주는 드라마처럼 우리 도시 공간에 대해서도 이런저런 역사적 해석을 한다. 그래서 시간을 두고 일관성 없이 과거의 공간으로 바꾸고 또 바꾸어 나간다. 어느 시점까지 과거로 돌아갈 것인지 흥미롭다.

다음에는 또 어떤 역사적 사건을 창의적인 재해석으로 흥미를 줄 것인지 기대되듯이 우리 도시들은 어디까지 거슬러 올라가 무엇을 토대로 어떻게 과거 재현을 되풀이할까? 문제는 드라마는 종영되면 흔적이 없는 반면, 건축은 오랫동안 남는다는 점이다. 후세에 남겨지는, 가장 시간을 오래하는 기록이다.

미국의 거장 건축가 프랭크 로이드 라이트는 "건축은 역사를 쓰는 작업"이라 했다. 현대인들의 현재 생활과 문화를 담고 미래를 예측하여 표현하는 것이 미래에는 바로 역사가 된다. 그 시대의 건축과 도시 공간을 그 시대의 기술로 표현하는 것이 현대건축의 본질이 아닐까?

새롭게 공간을 개조하는 것은 생활이 도저히 불편하여 더 이상 견디지 못할 때 행해진다. 이것이 건축이 변해 가는 자연스러운 사이클이다. 상징공간은 과거의 해석에 따라 부적절할 수 있다. 그래서 고치고 또 고친다. 중요한 것은 새롭게 제안하는 공간들이 현대인들에게 적합한 공간인지 먼저 전문가들은 곰곰이 살펴보고 실현시켜야 한다는 점이다. 공공이 이용하는 도시 공간일 때는 더욱 그러하다. 미래를 보는 창의적인 시각만이 과거 공간에서도 창의적인 표현요소들을 찾을 수 있다.

과거의 집착도 고증에 집착하는 것은 고고학자들이나 문화재복원학자들이 하는 일이다. 건축가들은 새로운 상상으로 미래를 향한 공간을 제공하는 것이 우선이다.

건축이 예술적 성향을 가지고 표현하는 전문분야이기에 새로움을 시도하는 것은 아이디어가 샘솟는 한은 건축가가 일생 동안 도전해야 하는 일이다. 이러한 태도로 작업하는 건축가는 나이 80세에도 90세에도 새로운 작품을 세상에 선보이며 위대한 건축가로서 세계의 건축 역사에 기록되고 있다.

건축은 거칠지 않다,
건축은 섬세하다

건축하는 남성들은 알고 보면 매우 여성적이다. 마음이 섬세하고 여성처럼 여리고 상처도 잘 받는다. 건축가들 중에는 한마디로 여자 같은 남자들이 많다. 밖의 모습은 강인하고 고집스런 모습으로 포장하지만 대부분은 아름다운 음악을 좋아하는 감성적인 남성들이다.

건축가들의 사무실을 가 보라. 좋은 음향기기를 갖추고 좋은 음반들을 모으며, 시각의 아름다움과 청각의 아름다움

숙녀와 건축

으로 에워싼 시간과 공간을 즐긴다. 많은 건축가들은 아름다운 글을 읽고, 자신의 감정을 글로 표현한다.

건축은 종합예술이다. 예술을 포장하는 박스라 해도 좋다. 건축 안에는 빈 공간이 있고, 이곳은 사람들의 움직임과 가구와 빛과 바람과 그리고 살아가는 소리, 살아가는 향기, 음식 냄새로 채워진다. 매끈하게 다듬어진 바닥, 거친 바닥, 푹신한 바닥, 거친 벽, 둥근 기둥, 네모난 기둥, 환한 창, 전망을 프레임화하는 창, 따뜻한 색의 마감재, 찬색의 마감재, 이 모든 촉각적·청각적 느낌을 시각적 건축 언어로 표현한다.

건물의 매스와 스케일은 대담한 규모로 표현되더라도 건축 공간을 둘러싸는 표피, 재료들의 접합부 등 건물의 디테일은 섬세한 감각을 필요로 한다. 그래서 설계는 다양한 분야의 전문가들과 협업하여 시간이 오래 걸리는 작업이다.

건축가는 전체를 아우르는 지휘자의 역할을 하지만 악기하나하나 섬세한 소리를 관리하며 지휘하듯이 디테일을 모두 관장하여 마무리하여야 한다. 종종 매스는 멋있는데 가까이 가면 섬세하지 않은 건물이 있다. 대부분 유명한 건축으로 소개되는 건물들은 건축가의 대담함과 섬세함의 이중성이 고스란히 나타나 있는 건물들이다.

초기 콘셉트에 머무는 건축이 있는가 하면, 상세한 부분

들이 정리되어 어디 하나 어색하지 않은 건축들이 있다. 여성
적인 섬세함이 깃든 건축은 사람들을 감동시킨다. 은근과 끈
기가 필요하며 이성과 감성이 똑같이 작동되는 작업이 건축
이다. 거칠기만 한 건축은 감동이 없다. 그냥 기능과 용도만
있을 뿐이다. 사람들은 이를 건물이라 부른다. 건축이 아니
라는 말이다.

숙녀와 건축

건축은 **건축 언어**로
커뮤니케이션한다

생각을 전달하는 방법은 다양하다. 소리로 전달하기도 하고 시각으로 전달하기도 한다. 건축은 벽, 기둥, 천정, 창 등 보이는 형상과 비워 있는 공간으로 모든 것을 전달한다. 건축가가 만들어 낸 공간은 기쁨의 감성을 전하기도 하고 슬픔과 무거움의 감성을 전하기도 한다.

건축가의 건축 작업에는 말과 글이 없다. 단지 건축 언어로 그 공간을 사용하는 사람들과 소통한다. 이 길을 따라 이

방에서 이런 일을 이런 모습으로 하고, 햇살 가득한 창가 너머 반짝이는 나뭇잎을 바라보며 잠깐 휴식을 취할 수 있도록 제안하는 등 공간을 사용하는 모든 순간을 상상하며 건축가는 건축 언어로 자신이 하고 싶은 이야기들을 사용자에게 들려준다. 그래서 건물에는 사용 매뉴얼이 없다. 건축 언어로 소통하기 때문이다.

베토벤의 〈월광〉은 피아노 소리를 들으며 연주자의 건반 위의 손가락 움직임을 보고 있으면 잔잔한 바람에 흔들리는 물결과 호수에 비친 달을 떠올리게 한다. 그처럼 작곡가는 감정을 음으로 표현한다. 연주하면서 이번 악장은 호수를 느끼고 다음 악장은 비바람이라 설명하지 않는다.

건축도 마찬가지로 건축가가 설계한 건물의 각 공간을 이렇게 느끼고 저렇게 느끼고 이렇게 사용하라고 말하지 않는다. 사용자가 느끼고 사용할 뿐이다. 건축가의 의도는 건축 요소의 구성들로 사용자와 소통할 뿐이다.

그래서 유명 건축가들은 말이 없다. 건축가의 생각을 오로지 건축 언어로 전달한다. 익숙한 음악이 있고 난해한 음악이 있다. 익숙한 문학 작품이 있고, 난해한 문학 작품이 있다. 마찬가지로 익숙한 건축이 있고 난해한 건축이 있다.

형태가 난해해도 그 안에서 사람들이 해야 하는 행동이 망설임 없이 이어지고 놀라움의 공간들을 경험하는 건축은

숙녀와 건축

난해한 건축이 아니다. 그러나 형태는 익숙해도 그곳에서 어
딜 향해야 하고 어디서 무얼 해야 하는지 망설이게 하는 건축
은 난해하다.

다시 말해, 간단한 형태의 건물이지만 동선이 정리되지
않거나 이 일을 하든 저 일을 하든 지루하게 똑같은 공간의 연
속으로 어디서 무엇을 해야 할지 말해 주지 않는 건물도 일반
인들에게는 어색하게 다가온다. 심지어는 극도로 생략된 표
현으로 어디가 출입문인지조차도 안내하지 않는, 의도적으로
모호하게 표현하는 건축도 있다.

오로지 건축 표현의 요소인 지붕, 기둥, 출입구, 창, 바
닥, 그리고 건축 재료, 색상 등으로 모든 것을 표현하여 건축
가의 의도를 전달하는 건축가들은 사용자들과 말과 글로 소
통하지 않는다. 익숙한 건축 언어들의 조합으로 자신의 생각
을 전달하기도 하고 새로운 건축 언어로 각색하여 자신의 생
각을 전달하기도 한다.

건축 언어는 진화한다. 건축가들이 자신만의 건축 언어
를 표현하면서 건축 언어를 진화시켜 나간다. 진화의 앞장에
선 건축가들은 새로운 건축 양식을 만들어 나가는 선구자의
역할을 한다.

사람들의 말이 시대에 따라 변화한다. 특히 현대의 온라
인 언어는 변화의 속도가 매우 빨라 세대 간의 소통 격차는 점

점 커지고 있다. 건축 언어도 마찬가지 현상으로 재료와 시공 기술의 발달로 표현이 자유로워지고 있다. 변화하는 사회 속에서 현대성을 표현하는 건축은 지속해서 새로운 건축 언어를 구사한다.

그러나 고전과 역사는 이어지고 있어 사람들은 아무리 새로운 표현의 언어도 소통할 수 있다. 현대 작곡가 필립 글래스의 곡을 들으면서 반복 속에서 바하의 소나타를 느끼게 되고, 자하 하디드와 프랭크 게리의 건축을 보면 표현주의 회화와 아르누보를 느끼게 된다. 2017년도 노벨 문학상을 받은 가즈오 이시구로는 19세기 제인오스틴과 20세기 카프카 그리고 푸루스트의 표현기법을 융합한 듯하다는 평을 받는다. 아무리 새로운 언어라도 역사를 바탕에 둔 언어들의 재현인 것이다.

이렇듯 언어는 역사의 맥락 속에서 언어의 새로운 표현으로 진화한다. 소설도 시도 음악도 역사 속에서 표현이 진화해 가듯 건축 언어도 생뚱맞게 그냥 출현되는 것이 아니라 건축의 역사 속에서 진화해 간다. 시인이 진화된 표현을 설명하지 않듯이 건축가도 자신의 건축 언어에 대해 설명하지 않는다. 다만 건축 언어로 전달하고 소통될 뿐이다. 그리고 공감받을 뿐이다.

숙녀와 건축

건축은
진화해야 한다

새집은 변하지 않는다. 그러나 사람의 집은 진화해야 한다. 천년의 건축 속에서 사람은 살 필요도 없고 살 수도 없다. 만족하고 산다면 박제된 표본과 다르지 않다. 새는 기술을 발전시킬 수 없고 필요성도 모른다. 두뇌 문제이다. 사람은 필요한 기술을 개발하고 관철하고 사용한다.

건축은 사회문화를 반영하는 가장 거대한 조형물이다. 변화하는 사람들은 생활 문화가 변화하고 생활공간의 모습들이 바뀐다. 그리고 그것을 감싸는 건물의 형태가 새로운 모습으로 진화된다.

이탈리아의 몇 백 년 된 와이너리Winery를 방문한 적이 있다. 오래된 포도주 제조장이 있으나 사람들은 살지 않았다. 우리나라 민속촌처럼 그냥 세트장이었다. 단지 새로 지어진 세트가 아닌 오랜 역사를 가진 건물들이 남아 있는 세트장이었다.

마찬가지로 단테의 『신곡』 「지옥」편의 모델이 되었다는 성을 방문했다. 건축은 그대로 존재하나 관광객을 위한 몇 개의 건물만 사용된다. 그곳의 사람들은 상업적인 이유로 생활하고 있을 뿐 일상생활을 위한 동네는 아니다. 그리스의 산토리니섬도 마찬가지이다. 역사를 가진 세트이지 관광객 외의 일반거주자는 드물다.

우리 서울의 북촌 한옥에서 일반 거주자들이 떠나고 상업지역으로 바뀌는 것도 마찬가지 현상이다. 편리한 설비에 익숙해진 현대인들에게 있어 일상생활을 위한 주거는 편리함이 기본이기에 너무 오래된 건축에서는 만족스러운 일상생활을 할 수 없어 떠나게 마련이다.

〈동물의 세계〉를 자주 본다. 일요일 저녁 무렵 주말 일정을 마치고 쉴 겸 TV를 틀면 어김없이 〈동물의 세계〉 방영 시간이다. 나의 신체 리듬을 계산하지 않지만 시계도 보지 않고 무의식적으로 하는 행동에서 항상 일정한 패턴이 정확하게 지켜지는 것을 보면 놀랍다.

개인마다 다른 개성 있는 생활의 패턴이 있다. 그런데 각 개인의 패턴들이 모여 거대 규모의 생활 패턴이 형성되면 이 것을 우리는 '문화'라 부른다. 사람은 나이 들어감에 따라 특별한 생활패턴이 형성된다. 기본적으로 먹고 입고 일하는 기능은 그대로 유지되지만 시기마다 다른 생활 패턴을 가지는 것이 당연하다.

사람이 변하지 않으면 유아스럽다 한다. 그런 것처럼 사회도 변화한다. 각 개인들의 생활패턴이 사회 흐름에 따라 변하면서 개인이 모여 집단적인 패턴이 변화하고, 또 다른 문화 유형이 되어 사회는 지속적으로 발달한다.

〈동물의 세계〉에서 새가 둥지를 짓는 과정을 소개했다. 암컷과 수컷이 아침부터 밤까지 부지런히 나뭇가지를 물어와 집을 짓는다. 집은 하루 만에 완성된다. 서식처를 마련한 새는 알을 낳고 종족을 번식한다. 1000년 전의 숲속 나무 위에 지은 새집이나 현대 도심의 전봇대 위에 지은 새집이나 형태와 짓는 방법은 똑같다. 그리고 새의 종을 번식하고 이동하는 경로는 변함이 없다. 동물들의 서식처 모습은 변하지 않는다. 서식처를 마련하는 과정에서 짓는 방법도, 재료도 변하지 않는다. 동물이기 때문이다.

그러나 사람들의 생활공간은 다르다. 변화해야 한다. 사회가 변하고, 사람들의 관계가 변하고, 개인 생활을 위한 사적 공간의 요구도 변화한다. 이에 따라 주거 공간도 변화하고, 집을 지을 때 규모도 달라지고, 시공법도 달라지고, 건축 재료도 다양하게 바뀐다. 따라서 도시의 모습도 달라진다.

　이렇게 보이지 않는 생활의 모습들을 토대로 건축 형태의 변화를 주도하는 것은 쉬운 일이 아니다. 변화를 주도하는 건축가에게 박수를 보내는 문화가 있는가 하면, 기존의 익숙한 건축만을 고집하며 변화를 주도하는 건축가를 혹평하는 문화권이 있다.

　이러한 문화권은 건축 분야의 발전이 늦다. 건축은 진화하지 않을 수 없는 분야이기에 진화는 하지만, 세계 변화 속에서 건축을 선도하는 그룹으로 가기가 쉽지 않은 문화권이다. 그러나 항상 새로운 것을 시도하고 앞장서는 건축가에게 갈채를 보내는 문화권이 세계 건축계를 선도하는 것은 분명한 사실이다.

　새의 생태계를 보면 암컷과 수컷의 역할이 천년만년 변하지 않는다. 그러나 사람의 남녀 역할의 차이는 변하고 있다. 특히 주거 공간이 진화하는 데는 여성의 역할이 크다.

　예로부터 여성들의 사회 역할이 변한 현대까지도 여성들

이 가사 일을 주도한다. 쉽게 바뀌지 않는다. 그래서 여성들은 효율적인 가사작업, 적절한 가족관계를 고려하여 새로운 주거 공간에 대한 상상을 남성보다는 더 자주 한다. 이러한 여성들의 생각이 적극적으로 반영되어 주거 건축에 표현되면 새로운 주택형태가 태동된다.

여성들의 가사 생활이 전혀 변화하지 않는다면 주거 건축은 변함이 없어도 된다. 천년을 가도 변화하지 않는 주거 공간 속에서 만족하고 살아갈 여성이 누가 있을까? 그래서 여성들은 원하는 생활양식을 적극적으로 표현하고 사회에 반영하여 도시와 건축을 변화시키는 원동력이 된다. 특히 여성들은 주거 건축의 변화를 유도하는 선도 그룹이 되어야 할 것이다.

개인 주택을 짓지 않더라도 적어도 상품화된 주거를 선택하는 주도권은 여성들이 가지고 있다. 여성들은 건축을 바른 방향으로 발전시키는 중요한 권력그룹이기에 자신들이 살아가고 있는 환경과 건축 공간에 대한 예리한 비판의식을 가져야 한다. 여성들의 건축에 대한 시각이 올바르게 변해야 건축을 생산하는 남성 건축가들이 변한다.

여성들은 자신이 중심이 되어 원하는 바를 주관적으로 정리할 수 있는 건축 교양을 갖추어야 하며, 주입하는 건축 이야기를 비판 없이 무조건 받아들이지 않아야 한다. 남성주의 시각에서 정리된 주입된 지식은 여성을 위한 새로운 건축 환경으로 진화하는 걸림돌이 된다. 『인형의 집』의 주인공처럼 상상하고 만들어진 집에서 현대 여성들은 진정으로 행복한 삶을 살 수 없다.

패션디자이너 코코 샤넬은 세상이 변화하는 것을 감지하고 여성의 활동을 편하게 하는 여성용 바지 정장을 처음으로 소개하였다. 여성 디자이너였기에 사회 변화와 여성의 사회적 역할을 마음 깊이 인지하며 아주 획기적인 의상을 제안한 것이다.

리딩 디자이너 샤넬이 아니었더라면 여성들이 자신 있게 바지를 착용할 수 있었을까? 물론 하이엔드 패션이 아닌 밭일을 하거나 노동일을 하는 소위 저소득계층 여성들은 필요에 따라 바지를 착용한 경우는 있으나 대중적으로 보급되고 여성들의 첨단패션으로 바지 정장이 자리 잡을 수 있게 된 것은 샤넬의 명성이 없었다면 어려웠을 것이다.

내가 처음 학교 강의를 나간 1980년대 말 한국에서는 점잖은 기성품 여성 바지 정장을 찾기가 쉽지 않았다. 학교에서 여자 교수들이 바지를 자신 있게 착용하는 시절도 아니었다. 여성들에게는 치마 정장이 대세인 시절이었다.

우리나라 정치계에 여성 국회의원이 한두 명 정도였던 시절에 간혹 눈에 띄는 여성 정치가가 남성용 바지 정장을 한

숙녀와 건축

사례는 있지만 매우 이례적인 모습이라 특별한 이미지로 기억에 남을 정도였다. 그러나 여성들의 사회활동에 대한 시각이 바뀌면서 이제는 바지 정장이 대세를 이룬다.

이렇게 의상이 바뀌듯이 서서히 도시도 건축도 여성을 위해 변해 가는 시대에는 여성들이 자신들의 삶을 개선하고 충족시키기 위한 실질적인 요구가 무엇인지 적극적으로 파악하고 반영시킬 수 있도록 도시와 건축에 대한 추상적인 허상을 버리고 주관적이며 현실적 시각으로 깨어나야 할 것이다. 그리고 여성적 시각에서 변해야 하는 건축 환경을 스스로 파악하여 소신껏 요구할 수 있어야 한다.

건축은 **특별**하지 않다, **일상**의 **필수품**이다

문화 수준이 높은 사회일수록 예술은 일상이다. 특히 사회경제 수준이 높아질수록 예술은 특별한 계층의 전유물이 아니라 대중계층과 호흡한다. 건축도 마찬가지이다. 건축은 젊은 계층들에게나 나이가 든 사람들에게 매력적인 전공 분야로 호기심을 가지는 분야이다.

우리들이 살아가는 일상적인 환경이지만 좀 더 특별한 공간에 매력을 가지고 기왕이면 내 마음을 움직이는 공간에

숙녀와 건축

머물고 싶은 감정은 모든 사람들이 가지는 본능이다. 어떤 일을 위해 필요한 공간인지에 따라 원하는 위치가 다르다.

동물들도 본능적으로 필요에 따라 머무는 공간을 달리 선택한다. 하물며 사람들은 더욱 지혜롭게 자신이 하고 있는 행위에 맞추어 머물 만한 적절한 장소를 선택한다. 들판에서 어느 나무 아래 앉을까 장소를 선택할 때나 카페에서 누구와 만나는지에 따라 적절한 위치의 테이블을 찾는가 하면, 직장의 회의실에서도 내가 앉을 위치를 그날의 분위기에 따라 선택한다. 알게 모르게 공간지각에 대한 본능이 작용하고 있는 것이다.

이렇듯 공간은 일상생활의 필수품이다. 건축 공간은 일반인들의 생활을 위해 만들어진다. 감상품이 아니다. 따라서 건축은 특별한 사치품도 아니며, 어렵게 학문적으로 고심하여 선택해야 하는 분야도 아니다. 우리들이 입는 옷과 같다. 취향대로 마음 가는 대로 스타일을 선택하고 색상을 선택한다. 그러나 자신의 분위기를 나타낼 수 있도록 적절하게 선택한다. 여기에 의상의 철학을 생각하고 따지면서 선택하지 않는다.

자신이 살아가는 적절한 공간을 선택하는 것도 건축철학을 내세우고, 이론을 내세워 선택하지 않는다. 건축가들이 주장하는 공간이론을 바탕으로 자신의 집을 선택하는 일반인들은 아무도 없다. 생활 기능을 만족시키고 분위기가 마음에 끌려 자연스럽게 선택한다. 건축을 어렵게 설명하는 건축 전공 이론가나 실무건축가들은 전공에 대한 오묘함과 신비로움을 가지고 건축을 추상적으로 접하기 때문이다.

건축은 실용학문이다. 추상적 접근은 위험하다. 순수예술은 벽에 걸려 있거나 빈 공간에 설치되고 바라보기만 하면 된다. 그러나 건축은 일반인들의 생활과 호흡하고 접촉하고 공간을 사용해야 한다. 건축가의 추상적인 해석으로 만들어진 공간도 일반 사용자들은 생활필수품으로 사용한다. 매일 매 순간 사용하면서 내가 머무는 공간의 원리와 사상과 이론을 공부하고 깨달으며 머물지는 않는다.

오늘 내가 머무는 공간은 윤리를 바탕으로 디자인된 공간이며, 내가 바라보는 저 밖의 외부 공간은 절제미를 가진 정원으로 조경의 이론과 원리는 누구의 주장인지를 생각하며 바라보지 않는다. 비가 오는지 하늘이 맑은지 바람이 부는지 무슨 식물이 어떤 색으로 꽃을 피웠는지, 우리의 시각을 자극하는 대로 그냥 바라보고 느낀다.

일반인들에게 일상생활이 일어나는 공간에 대한 선호를 강요하거나, 취향을 평가하거나, 공간 감상 방법을 일깨우는 것은 건축가들의 오만이다. 일상생활 필수품으로 일반인들은 자신이 좋아서 자유롭게 선택할 욕구와 권리가 있다. 필수품

숙녀와 건축

을 억지로 좋아하거나 선택하도록 강요받을 수 없다.

사람들의 패션 취향을 강압적으로 요구할 수 없듯이 자신들이 살아가는 공간적 취향도 마찬가지로 주입할 수는 없다. 일반인들이 자신이 살아가는 공간 분위기를 자연스럽게 선택할 수 있는 사회가 문화적으로 높으며 깨어 있는 사회일 것이다. 건축문화는 주입해서 만들어 갈 수 있는 인문학이나 순수예술 분야가 아니라, 일상생활이 일어나는 지극히 실용적인 분야이기 때문이다.

건축 공간을 인문학적으로 예술사적으로 어렵게 설명하는 것은 대중들과 멀어질 수밖에 없다. 건축은 모호하거나 추상적인 수집품의 대상이 아니라 사람들이 살아가는 생활 터전이기 때문에 신성시하거나 모호한 설명의 대상이 될 수는 없다. 사용하는 사람들의 공간본능을 토대로 하는 자연스러운 선택의 대상일 뿐이다.

생활공간 선택은 오랜 태고부터 모든 동물과 인간이 지닌 감각이며, 문명의 발달과 함께 진화시켜 온 장소본능이 감각적으로 작용하는 대상이다. 그리고 지극히 개인적인 선택이다. 한 방향으로 가치관을 주입하고 몰아갈 수 있는 공동의 생산 대상이 될 수는 없다. 인간 사회는 하나의 인간 유형만이 존재하는 사회집단이 아니기 때문이다.

건축을 하려는
여학생을 위한 조언

"포기하지 말고 지속하라.

열심히 하라.

자신감을 가져라.

그리고 지원 그룹을 만들어라."

이 네 가지 말은 세계적인 여성 건축가 자하 하디드가 생전에 유일하게 건축을 하는 여학생들을 위해 들려준 말이다.

숙녀와 건축

한 세기에 한 명 날까 말까 한 천재적인 건축가인 자하 하디드는 우리나라 동대문 디자인 센터를 설계한 분이다.

창의적인 새로운 건축 유형을 실현시키는 것은 결코 쉬운 일이 아니다. 한번 보면 따라 하는 일은 쉽다. 그러나 한 번도 본 적이 없는 새로운 건물을 설계하고 짓는다는 것은 아무나 할 수 있는 일이 아니다. 디지털 시대의 사람들이 살아가는 유동적이며 유연하게 변하는, 그러면서도 다양한 활동이 동시에 하나의 생활공간에서 나타나는 현상을 공간에 표현한 작품들이다.

내외부의 경계도 없다. 정보화 시대 우리들이 살아가는 모습을 반영한 건축이다. 원칙을 정하고 공식을 만들어 대입하여 똑같은 생활공간을 대량생산하는 모더니즘 건축을 부정하고 다양한 생활을 담을 수 있고 사용자가 스스로 만들고 해석해 나가는 디지털시대를 살아가는 사람들을 담고 표현하는 건축을 추구한 앞선 건축가이다.

이 천재 여성 건축가는 66세에 안타깝게도 돌아가셨다. 여학생들에 대한 자신의 의견을 자주 언급하지는 않았지만, 돌아가시기 얼마 전인 60세 이후 에는 가끔 인터뷰에서 여성이기 때문에 힘든 점을 언급하기도 했다. 아마도 이제는 공공에게 말을 들려줄 정도의 위치가 되었다고 생각했을 것이다.

자하 하디드가 건축을 하는 여학생들에게 하는 첫 번째

당부는 지속해야 한다는 것이다. 포기하지 말라는 뜻이다. 마음 깊이 공감한다.

여학생들이 포기하는 이유를 몇 가지 분석해 보면, 전문인으로 생활하면서 알게 모르게 여성이기 때문에 자기도 속아 넘어가는 몇 가지 원인들이 있다.

졸업하고 취업하면 신입사원 때는 여자라서 유리하다. 특히 예쁘고 애교스러운 여성들은 신입사원 시절은 더욱 문제없이 잘 지나간다. 상사들이 남자인 경우가 많아서이다. 운이 없이 여성 상사팀에 들어가면 그때부터 불평이 쏟아 나오고 재주 좋게 남자 팀장이 있는 프로젝트로 잘 옮기기도 한다.

이유는 신입사원이 할 수 있는 중요한 일이 많지 않기에 사무실 규모가 클수록 신입사원이 원하는 팀으로 말만 잘하면 옮길 수 있기 때문이다. 그런데 문제는 3년이 지나 평가를 받을 때 자신이 없으면 또다시 사무실을 옮길까 들썩거린다는 것이다.

첫 3년은 그럭저럭 무난하게 지나간다. 다음 3년이 문제다. 이제 아래 후배들이 들어오고, 후배들을 가르치며 작은 일은 맡아서 해야 하니 책임감도 생긴다. 후배들보다는 어느 면에서나 우수해야 한다. 그러나 전문적인 실력은 큰 차이가 없어 친화력이 좋은 여성들은 인간관계를 내세워 잘 지낼 수 있다.

6년차 대리부터는 사무실에 따라서는 과장급으로 승진하여 아래 남자 사원들을 거느리며 책임 있는 일을 하다 보면 남자 후배들에게는 실력으로 선배 노릇을 해야 하고 동료들로부터는 경쟁해서 좋은 프로젝트를 팀으로 가져와 맡아야 한다. 외부로는 건축주 브리핑을 하면서 신뢰감을 주어야 하고 때로는 망설이는 건축주는 밀어붙여서 아이디어를 관철시켜 나가야 한다. 사방이 남자들과의 전쟁이다. 이때가 전문가로 자리 잡아야 하는 시기이다.

그런데 신입사원 때부터 예쁘다는 말 들으며 상사로부터 보호받고 친화력으로 남자 후배들에게 사랑받으며 전문 분야 실력 향상보다는 편한 사무실 생활을 즐긴 여성들은 전문지식에서 실력이 부족함을 알아차린다. 이때쯤 여성들이 건강상의 이유로 좀 쉬운 사무실로 옮기거나 건축을 포기한다.

졸업하고 6년쯤 지나면 여학생들은 30세 초반 정도 된다. 사무실에서 좋은 사람 만나면 결혼으로 도피한다. 그전에 결혼하고 일을 핑계로 임신을 미루어 오던 여성들은 이때쯤 임신하고 사무실을 그만둔다. 자기 설득이 충분히 있다. 가정생활이 중요하지 않다는 것이 아니라, 일이 벅차 도피로 임신하거나 결혼을 생각하는 것은 남자들에게는 상상도 할 수 없는 일이다.

여성들은 가정 만들기라는 긍정적인 도피처가 있고, 여성은 일보다 남자 잘 만나는 것이 최고라는 짓궂은 또는 경쟁 관계에 있는 남자들이 생각 없이 던지는 말이 심각하게 들려오기 시작한다. 일이 자신 있고 건축가로 살아남을 생각이 확고하면 이런 말은 기분을 상하게 만들지만, 그렇지 않고 일에 회의가 생기면 이때는 결혼이라는 선택지를 골라 생활을 전환한다.

결혼과 출산이 중요하지 않다는 것이 아니라, 건축일이 정말 즐겁고 자신의 존재를 확인하는 진지한 일이라면 결혼과 출산으로 건축을 포기하지 않는다는 것이다. 여러 방법을 찾아 일과 엄마의 역할을 병행할 수 있다.

6년차 이후에는 외모와는 상관없이 실력이 더 중요한 역할을 한다. 그런데 애교 있고 호감 가는 외모를 갖추고 실력도 있으면 얘기는 달라진다. 이때는 남자보다는 승승장구한다. 외부 미팅에서도 유리하고 내부에서도 좋은 일을 팀에 가져다주고 회사에도 크게 기여하기에 앞으로 3년 후의 중견 실장으로의 진급은 물론, 자신의 사무실을 차려 독립된 작품을 하기에도 충분한 실력을 기르게 된다.

실무 3년 후부터 치를 수 있는 건축사 자격증 시험에까지 합격하여 완벽하게 전문가로 살아갈 준비가 되는 시점은 10년 정도 지속해서 일을 해야 그 조건을 갖추게 된다. 그래야

숙녀와 건축

지만 결혼 후에도 그 일을 놓지 않고 지속할 수 있다. 중요한 점은 건축사 자격증이 있든 없든 전문가가 되기 위해서는 일을 시작해서 10년은 지속해야 한다는 것이다.

나는 여학생 졸업생들에게 취업 후 3년, 6년, 9년 전후를 조심하라 당부한다. 마음에 유혹과 의심이 생기는 시기이다. 이 시기는 건축 분야뿐 아니라 어느 전문직에서도 마찬가지일 것이다. 그러나 여성이 건축가의 길을 선택했을 때는 더욱 이 시기를 잘 넘겨야 한다.

그러기 위해서는 지금 생활하는 모든 것이 3년 후에는 어떻게 될까를 생각하고 현재를 결정해야 한다. 3년은 곧 다가오는 시간이니 현재를 점검해야 한다.

남학생들은 군 복무를 마치고 나면 자신에 대한 책임이 커져 자신의 미래를 계획한다. 그리고 결혼하면 더욱 자신을 바로잡아 전문가로 우뚝 선다. 가족에 대한 책임감 때문이다. 그리고 지원하는 부인과 자녀가 있기에 더욱 힘을 낸다. 여성들은 반대 현상이다. 결혼하면 실력 있고 창의적이던 두뇌가 다 어디로 사라지는지 안타까울 뿐이다.

건축을 하려는 여학생들은 자하 하디드가 당부하는 첫 번째 조건처럼 포기하지 말고 지속하려는 의지가 확실한지 잘 판단한 후에 건축을 선택해야 한다. 중도에 포기하면 잃을 것이 많은 것이 건축이기 때문이다.

학교생활은 정말 밤샘도 많이 해야 한다. 사무실 초보 시절도 야근을 많이 해야 한다. 그만큼 투자해야 하는 시간이 크다. 그런데 그 일을 지속하지 못한다면 건축에만 쏟아부으며 생활했던 젊은 시절이 아까운 시간들로만 남기 때문이다. 나는 종종 학생들에게 이렇게 많은 설계에 투자하는 시간과 노력을 고등학교 시절에 했으면 혹시 원하는 다른 전공에도 성공할 수 있지 않았을까 말하기도 한다.

아름다운 청년 시절에 보낸 시간들을 지속하지 못한 채 완전히 다른 일로 돌아서는 여학생들을 보면 안타까운 마음으로, 차라리 건축을 선택하지 않고 다른 일에 몰두했으면 전문인으로 꿈을 이루며 일생 자신감 있게 살아가지 않을까 하는 생각이 든다.

일단 해 보고 지속하든지 포기할 생각이 조금이라도 있다면 건축은 선택하지 않는 것이 좋다. 독한 마음으로 선택해도 50%는 중도 포기하기 때문이다.

하디드가 부탁하는 두 번째는 "열심히 하라." 라는 지극히 평범한 말이다. 어느 분야이든 전문인이 되려면 열심히 해야 한다. 그런데 건축은 알아야 하는 분야가 폭이 넓다. 늘 지식이 부족함을 느낀다. 배우고 또 배워야 한다. 열심히 하지 않을 수 없다.

건축은 사회 변화에 민감하다. 세계 경제 변화에도 민감

숙녀와 건축

하게 반응하는 분야이며 다양한 부류의 사람들의 생활 문화도 잘 파악해서 요구를 반영하며 설계해야 한다. 어느 정도 실무를 한 건축가도 지속적으로 노력하지 않으면 그 분야에서 우뚝 서기가 쉽지 않다. 이 말은 자하 하디드가 건축을 전공하는 남녀 모두에게 공통적으로 부탁하고 싶은 말일 것이다.

하디드가 부탁하는 세 번째는 '자신감을 가져라'이다. 건축은 남성 위주로 발전되어 온 전공 분야이기에 남성적 특성이 강하게 반영된 학문 분야이다. 사고 체계나 표현 형식에 있어서 남성적 DNA가 주되게 반영된다. 그래서 자칫 여성들이 주눅들 수도 있다.

그러나 세상은 바뀌어 남성들도 과거의 가치관에서 벗어나 유연하고, 융통성 있고, 부드러운 사고체계로 전환하고 있다. 그리고 다양성이 존중되는 가치관이 세상을 바꾸고 있다. 여성들은 자신의 경험을 바탕으로 주저하지 말고 자기의 건축 언어를 자신감 있게 주장하고 표현하라는 당부라 생각된다. 자기가 자신에게 자신감이 없으면 어느 타인이 인정해 줄 수 있겠는가.

하디드가 부탁하는 마지막 네 번째 당부는, "여성이 건축을 하려면 지원그룹이 중요하다."이다. 대학 졸업 후에도 건축가가 되기 위해서는 긴 시간이 걸린다. 실무 경험을 하고 건축사 면허를 받고, 한 건물을 자신 있게 설계해서 완공되는 것을 지켜보고, 자신의 이름으로 건축 작품을 발표하기까지는 긴 실무 경험의 기간이 필요하다.

자신이 건축에 재능이 있으며 어려운 과정을 포기하지 않고 지속하기 위해서는 부모님이나 형제 또는 자매의 정신적 · 경제적 지원이 우선 필요하다. 결혼 후에도 일이 바쁘게 돌아가는 시기에는 가사 활동을 할 수 있는 시간이 타 전문 분야보다 적다. 당연히 배우자의 지원이 있어야 한다. 특히 프로젝트 마감 시에는 잠잘 시간 없이 바쁘다.

바쁜 일의 시기가 고정적이지 않아 더더욱 함께 생활하는 가족들의 이해와 실질적인 지원이 없이는 지속하기 쉽지 않은 전공이다. 건축을 잘하고 이 일이 너무 좋아 자신의 직업으로 택하려는 여성들은 자하 하디드가 여성들에게 당부하는 이 말들을 잘 새겨들어야 한다. 시작이 반이지만, 그다음에 오는 반이 정말 마음 뿌듯한 성공적인 인생의 시간들이기 때문이다.

숙녀와 건축

건축주의 꿈과
건축가의 꿈

대지 위에 건물이 탄생한다. 건축가는 대지 위에 집을 짓는 사람이다. 건축주가 창의적이고 예술적인 생각을 가진 사람인 경우에 건축가는 예술가로서의 역할을 한다. 건축주가 건물은 그냥 비바람을 막고 경제적인 수단으로 집지어 돈을 벌려는 사람인 경우에 건축가는 집 짓는 사람이 된다.

사람들은 자신이 어느 정도 경제적인 기본이 되면, 의상을 갖추고 맛있는 음식을 즐기며, 취향대로 자동차를 소유하고, 그다음 단계로 자신을 표현하는 주택을 원한다. 건축가는 창의적이고 예술적인 성향을 가지면서도 공학기술적인 자질을 어느 정도 갖추고 건축주의 요구에 따라 적절한 건축을 표현을 하는 일을 하는 사람들이다.

대다수 건축가들은 자신이 죽기 전에 건축가로의 대표적인 작품을 몇 개 남기기를 꿈꾸며, 건축주가 의뢰한 일을 수행한다. 설계를 할 때마다 이번 일은 작품이 될 수 있을까를 희망하면서 작업에 임한다.

대지 위에 건축가가 원하는 대로 설계할 수는 없다. 시공을 위한 공사비에 맞추어 규모, 형태, 재료들을 선정해야 한다. 화가나 조각가는 작가가 원하는 대로 작품을 해서 그 작품을 원하는 사람에게 팔면 되지만, 건축가는 건물을 소유하는 건축주의 꿈을 대신하여 건물을 설계한다.

건물을 디자인하는 건축가와 건축주의 꿈이 공유하는 부분이 클 때 좋은 건물이 탄생된다. 어떤 경우에는 건축주의 꿈과 건축가의 꿈이 서로 시너지를 발휘하여 세상에서 그때까지 보지 못한 기가 막힌 새로운 건축 작품이 나타나기도 한다. 건축가가 창의력을 한껏 발휘할 수 있도록 건축주가 뮤즈의 역할을 하는 경우로, 건축주의 창의력이 새로운 건물을 탄생시키는 원동력이 되는 사례들을 본다.

죽기 전에 가 보아야 하는 건축에 들어가는 많은 건축들이 건축주와 건축가가 꿈이 같을 때 만들어진 건물들이다. 잘 알고 있는 구겐하임 미술관은 여성 소유주의 예술적인 감각과 누구도 가지지 않은 새로운 건축을 소유하려는 욕망이 건축가의 재능을 충분히 펼칠 수 있도록 기회를 만든 경우이다. 물론 이를 수행할 수 있는 건축가의 선정도 매우 신중하게 이루어진다. 자신의 취향과 맞으며 완전히 새로운 건축을 창의적으로 할 수 있는 건축가를 선정하는 것도 건축주의 능력과 안목이다.

미국 LA의 디즈니 콘서트홀도 마찬가지로, 디즈니가의 여성 건축주의 안목이 프랭크 게리의 안을 받아들이게 되고 이 세상에 한 번도 본적이 없는 기이한 건물로 지어져 현재는 그 도시의 건축 명소가 되고 있다.

거슬러 올라가 유리 박스 형태의 고층 건물이 처음 지구상에 지어질 때도 뉴욕 도심에 자리한 시그램빌딩은 시그램의 CEO 딸의 권유로 처음의 설계안을 버리고 새로운 건축가를 찾아 설계를 의뢰하여 당시 최첨단 유리 고층 건물이 뉴욕에 서게 되었다. 이를 계기로 전 세계 도시에 시그램빌딩과 유사한 유리 고층 건물들이 우후죽순 지어지게 된다.

자신들의 재산을 들여 짓는 건물이 어떤 형태일지 새로운 시도 후에 어떤 문제를 발생할지 알 수가 없지만, 자신의 땅에 새로운 건축이 세워지고 그 건물의 소유주가 되고 싶은 마음은 어떻게 보면 불안한 투자일 수도 있다. 그래서 건물이 크고, 중요하고, 건축에 들어가는 비용이 클수록 옆에서 반대 의견을 내는 사람들도 많아진다.

그러나 건축주의 확고한 결심과 건축가에 대한 신뢰는 건축가의 재량을 마음껏 나타낼 수 있는 원천이 되고, 건축가와 건축주와의 꿈의 공유는 역사에 남는 건축을 함께 태동시키게 된다.

작은 규모의 주택들도 마찬가지이다. 집을 지어 사는 집주인들은 일생에 자신의 집을 한 번 짓는다는 생각으로 집짓기를 결심한다. 재산 중 큰 비율을 투자하여 땅을 마련하고 집을 짓게 된다. 기성품 집을 사는 것이 아니라 자기의 스타일에 맞는, 어느 누구도 가지지 않는 집에 사는 멋있고 개성 있는 사람임을 표현하길 원한다.

건축주는 이를 숨기지 않는다. 일생 한 번 짓는다는 생각 때문에 경험해 온 고유한 개인사나 내가 여행하면서 체험한 건축 공간들, 어릴 때부터 그려 온 꿈의 공간들, 이러한 생각들을 모아 오다 마침내 내가 짓는 집에 고스란히 표현되기를 갈망한다.

우리나라처럼 기성제품의 집인 아파트가 많은 사회에서 집을 짓는 경우는 대단한 모험이면서도 개성이 넘치는 사람들이라 볼 수 있다. 매일 살아가는 공간이 자신을 그대로 꼭

닮아 나를 표현하는 곳에서 시간을 보내고 싶은 욕망이 큰 사람들이라 볼 수 있다.

정말로 운이 센 해에 집을 짓는다는 말이 있다. 지어 놓은 집을 사면 간단하고 편하다. 굳이 집을 짓는 사람들은 운이 세어서보다는 개성이 강해서 자신의 내면을 감추고 살아갈 수 없는 센 사람들이 아닌가 생각한다.

세상의 많은 직업 중에 건축가들도 개성이 강한 사람들이다. 개성을 있는 대로 표현하고 다니는 전문직이라서 그런지 많은 사람들이 건축가들에게 호감을 가진다.

주택설계를 자주 하는 건축가들은 의뢰인들의 개성을 대리로 표현해 내는 역할을 잘 수행하는 융통성 있는 성격이라 볼 수 있다. 건축주의 취향을 판단해 내는 직관력이 뛰어나야 한다. 아니면 건축가의 취향을 잘 설득하여 건축주들을 끌어가는 능력이 큰 건축가들이다.

세기에 남는 걸작 주택이 만들어진 과정을 보면, 개성 넘치는 센 건축주와 개성 넘치는 센 건축가의 이상이 잘 맞아 서로 존중하여 내면의 개성을 표현했을 때 마침내 꿈이 현실화되고 세간의 입에 오르내리는 역사적 주택 작품이 태동된다.

건축주의 **말**을 **경청**하는
숙녀 건축가

숙녀는 자신의 생각을 적절하게 잘 표현한다. 수다스럽지 않고 자신의 생각만 계속해서 말하지 않는다. 남들에게 말할 기회를 주고 좋은 질문을 하여 서로 간 의사소통을 자연스럽게 끌어간다.

미국의 여성건축가 줄리아 모건은 20세기 초 미국 버클리 대학에서 토목학을 전공하고 파리의 에콜데 보자르에서 건축을 공부한 후 샌프란시스코로 돌아와 설계사무실을 40년

숙녀와 건축

간 운영한 여성이다. 일이 너무 많아 전용 비행기를 타고 건축현장을 돌아볼 정도로 성공적인 건축가의 삶을 살아갔다.

특히 20세기 초 미국이나 유럽에서나 여성을 건축학과나 공대에 입학 허가를 하는 대학이 드문 시절에 건축가로 살아가는 것은 쉬운 일이 아니었다. 그것도 자신의 사무실을 직접 운영하는 것은 더더욱 어려웠던 시절이다.

줄리아 모건의 특징은 건축주의 말을 경청하는 것이었다. 작은 주택을 의뢰하는 건축주라도 요구하는 모든 상황을 많은 시간 할애하여 잘 듣고 그다음 설계를 시작하는 특징이 있었다. 그 집을 의뢰하는 주부의 신체 조건까지 고려하여 주방 조리대의 높이를 세밀하고 친절하게 설계하여 사용자의 만족도를 높이는 특징 있는 건축가였기에 한번 주택 설계를 부탁하면 그다음 건축주를 소개받을 정도로 신뢰를 쌓은 건축가였다.

특히 여성 건축가가 여성 건축주로부터 일을 의뢰받는 경우가 많지는 않은 상황임에도 불구하고, 줄리아 모건은 여성 건축주와 많은 일을 한 특별한 경우이다. 그녀는 오클랜드 여자대학 설계와 미국 전역의 여성회관의 여성 관리자와 친분을 쌓으며 여성들이 원하는 공간들을 잘 파악하여 설계하는 건축가였다.

여성 건축주들의 입소문으로 많은 일을 소개받아 일생

줄리아 모건(1872-1957)

동안 800건의 설계를 수행한 건축가로 기록되고 있으며, 2014년 그녀는 사후 57년이 지난 후에 여성으로는 처음으로 미국건축가협회 골드메달을 받게 되었다. 이처럼 여성 건축가가 전문직으로 성공적인 사무실을 운영하며 많은 건물을 설계하고 시공하기가 쉽지 않은 분야이며, 더욱이 줄리아 모건이 활동한 20세기 초기에 미국과 유럽의 사회 분위기는 더욱 그러했다.

여성들이 전문직을 수행하기 쉽지 않은 사회 분위기임에도 불구하고 그녀가 건축설계를 지속하고 나이 들어 스스로 사무실을 닫고 은퇴하기까지 모범적인 건축가로 살아가는 데는 '건축주의 요구와 말을 경청하는 숙녀'라는 특성이 크게 작용했을 것이다. 외모 또한 작은 키의 여성 건축가이지만 드레스를 입고 우아한 모습으로 거친 건축 현장을 누비며 부드러운 말로 현장을 지시하면 어느 누가 그녀의 말을 거절할 수 있겠는가?

건축 전공을 하지만 그녀가 어릴 적부터 배우고 몸에 밴 숙녀의 모습을 그대로 가꾸며 여성의 특징을 살린 그녀의 건

축관과 많은 실무를 통해 익힌 최고의 실력은 그 당시 샌프란
시스코 건축계의 중심에서 유일한 홍일점으로 성공적인 건축
가로 활동할 수 있었다.

주택설계와
건축가의 대화

나의 경험에 비추어 보면, 우리나라 사람들은 주택 설계를 의뢰할 때 건축가에게 자신들의 요구사항을 말하기를 약간 꺼려한다. 마치 비밀 이야기를 모르는 사람에게 털어놓는 것 같은 생각을 한다. 자신의 개성 있는 사적 생활을 노출하기 꺼려하기 때문이다.

보편적인 생활을 하면서 남들과 다름없는 유사한 사적 생활을 하는 사람들은 자신들의 주거 공간을 개성 있게 표현

숙녀와 건축

하는 단독 주택을 지으려하는 확률은 매우 낮다. 남들보다는 조금 특별하게 남다른 공간에서 살고 싶은 욕구가 있기에 집을 지으려 계획한다.

그런데 막상 대지가 준비되고 건축가를 찾을 때 누구에게 나의 내면의 요구를 털어놓아야 하나 고민한다. 너무 잘 아는 건축가에게는 요구를 말하기 편하지만, 그래도 외부로 들어나지 않은 비밀스러운 요구가 있을 때는 망설인다.

어떤 경우에는 부부의 방을 서로 필요할 때만 만날 수 있도록 되도록 떨어져서 생활할 수 있는 위치로 부탁하는 건축주도 있다. 어떤 경우는 옷과 치장을 좋아하는 부인의 드레스룸을 부탁할 때도 사회적인 신분이 있는 경우에는 비밀스럽게 진행해 달라는 부탁도 한다. 경우에 따라서는 정말 특별한 수집품이 있는 경우에는 특별한 창고를 부탁하기도 한다.

집을 지을 때 이 모든 가족의 내밀한 일상 스토리를 말하지 않고는 어떻게 자신들이 정말 원하는 집을 지을 수 있겠는가? 개인 주택은 각양각색으로 요구사항이 다르다. 집은 가족들의 성스러운 공간으로 외부인에게 노출하고 싶지 않은 가족생활을 담아야 한다. 그래서 건축가 선정에 매우 고심한다. 가족들의 비밀스러운 부분까지도 노출해야 하기 때문이다.

많은 경우 저택을 설계한 건축가들은 그 집을 건축전문

지에 발표하지 않는 것을 전제로 설계를 맡게 된다. 고급주택일수록 이러한 요구는 더욱 빈번하다.

건축주가 그 집을 자신의 신체 일부처럼 심리적으로 편안하고 자신의 생활 스타일에 맞게 편리하게 사용하기 위해서는 주택프로그램을 건축가와 함께 만들어 나가야 한다. 건축주가 이 일을 원하지 않을 경우에는 건축주를 잘 아는 누군가가 프로그램을 만드는 과정에 대변자 역할을 하는 것이, 집이 지어지고 생활이 가동되었을 때 불편함을 최소화할 수 있다.

그러나 예술을 사랑하고 남들보다 조금 더 개성을 추구하는 보통 사람들이 짓는 단독 주택들은 건축가와 함께 작품을 만들어 가는 경우가 많다. 자신들이 사는 집을 내보이고 싶어 하며, 특별한 취향을 가진 가족들의 생활 또한 자랑스럽게 타인에게 노출하려는 경향이 있다. 개성 있는 의상을 차리고 폼 잡고 거리를 활보하는 심리와 같다. 나쁜 습성이 아니다. 자기의 내면이 원하는 바를 솔직하게 표현하는 진솔한 사람일 뿐이다.

집을 지으려는 건축주들은 자신이 원하는 프로그램을 건축가와 발전시키는 단계에서 자신이 누구인지를 알게 되고 원하는 바가 무엇인지 확실하게 찾게 된다. 집을 지으려 프로그램을 계획하는 단계는 자신을 탐색해 가는 과정이다. 정체성을 찾고 자아 확인 과정을 거치게 되는 것이다. 그래서 환경심리학자 클레어 쿠퍼는 '집은 자기의 상징'이라 한다.

어떤 경우에도 예산 내에서 집짓기를 마쳐야 한다. 그러다 보면 처음에 원하는 것을 모두 관철하여 지을 수는 없다. 우선순위도 정해지고 꼭 필요하지 않는 공간은 삭제되기도 하고, 마감재료 선정에서도 모두 타협을 보아야 한다.

재료 선정도 가격에 맞추어 결정해야 하고, 마감 색상도 자신이 좋아하는 색상, 식구들이 공통적으로 좋아하는 색상, 건축가의 제안 등에 서로 맞추어 가는 과정에서 우리 가족의 정체성을 새롭게 발견하는 시간을 경험하게 된다. 성장한 자녀들이 있는 경우도 의외로 자신들의 방에 대한 아이디어가 확고한 경우가 종종 있다. 부모가 자녀의 의견을 받아 완전하게 존중하여 설계가 이루어지는 경우도 있고 타협하면서 조정하는 경우도 있다.

우스갯말로 서양에서는 집을 짓고 나면 부부가 이혼한다는 말이 있을 정도로 집을 짓는 과정에서는 자신의 가려진 내면이 그대로 노출된다. 부부가 서로 취향이 다르고 중요한 공간의 위계를 서로 다르게 설정하여 서로 개성을 표출하려는 경우에 대부분 많은 투쟁을 거치며 하나하나 단계에서 결정이 된다.

이때 건축가는 모든 결정 과정에 개입하게 되고 가족들

의 사적인 부분을 보게 된다. 경우에 따라서 건축주는 결정된 사항을 다시 취소하고 새로운 결정을 하는 경우도 종종 발생되어 건축주와 건축가의 관계는 서로를 이해하는 관계로 발전되기도 하고 경우에 따라서는 집을 완성하고 나면 서로 원수가 되기도 한다.

중요한 점은 집이 지어지고 나면 사용자는 건축주 가족이기 때문에 건축주의 요구사항을 충분하게 그리고 솔직하게 건축가에게 전달해야 한다는 점이다. 계획하는 단계마다 즐기면서 결정에 개입하여 자신이 원하는 바가 아닐 때는 바로 시정하는 것이 완공 후에 살아갈 때 후회가 없다.

집은 한번 지어지면 그 자리에 몇 십 년을 걸쳐 존재하고 건축주 가족이 집을 떠날 때까지 함께해야 하는 가족과 뗄 수 없는 친밀한 공간이기 때문이다. 이렇게 지어진 집은 가족의 정체성이 그대로 표현된 집이라 할 수 있다.

주택은 건축가만의 작품이 아니라 건축주와 함께 만들어 나가는 작품이다. 좋은 작품을 하는 건축가는 좋은 건축주를 만났을 때 만들어진다. 건축주가 집을 짓는다는 행위를 우리 가족이 누구인지를 찾아가고 창의적인 가족생활을 만들어 나가는 작업으로 생각하면서 건축가와 집 짓는 과정을 함께해 나가면 집 짓는 시간들은 일생의 잊을 수 없는 경험이 될 것이다. 이때 진정으로 좋은 주택 작품이 태동된다. 건축 역사에 남을 획기적인 새로운 주택이라면 더욱 신나는 경험이 될 것이다.

주택은 자신의
상징이다

주택은 자신의 상징이다. 그럼에도 불구하고 우리는 주택에 우리 자신을 표출하는 것을 금기시해 온다.

사람들은 자신을 타인에게 표현하려는 본능이 있다. 자기가 처해 있는 지위에 대한 표현, 취향 등을 의상으로 표현하기도 하고, 헤어스타일, 장신구 등으로 표현하기도 한다. 원시 시대부터 무리에서 가장 힘센 족장들은 치장을 달리하여 권위를 표현해 온다. 사람의 신체를 중심으로 가장 가까운

숙녀와 건축

헤어스타일이나 문신, 나아가 의상의 순서로 자신의 상태를 표현한다.

그중에서 공간적으로 가장 큰 범위는 머무는 장소, 그 중에서도 자신의 일상생활이 일어나는 거처에서 확실하게 자신을 표현한다. 특히 단독주택은 그 지역의 풍토적인 특징으로 서로 유사하게 보이지만, 그 안을 자세히 들여다보면 그곳에 살고 있는 사람들의 개성이 그대로 표현된다.

이를 환경심리학에서는 '공간을 통한 정체성의 확인'이라 해석한다. 사람들은 자신의 공간에서 자기를 표현하고 발견할 수 없을 때 심각한 정체성의 혼란을 가져온다. 획일적인 공간에서 획일적인 표현으로 자신을 자연스럽게 표현하지 못할 때 불편해진다.

우리나라는 유사한 공동주택에서 국민들의 반수 이상이 살아가고 있지만, 이 집 저 집을 방문해 보면 그 안에서 사용하는 가구 스타일과 집안 장식품 등은 모두 다르다. 이웃집과는 가구 배치조차도 다르게 하려는 욕구들이 있다.

사람들의 얼굴과 개성이 모두 다르듯이 주택을 설계하는 건축가는 그곳에 사는 사람들을 자연스럽고 다양하게 표현할 의무가 있다. 연극의 내용과 무대와 배우가 자연스러울 때 그 연극은 감동을 준다. 주택은 그 안에서 살아가는 사람의 생활을 위한 무대이며 사는 사람들의 생활을 자연스럽게 표현해야 한다.

현대주택은 현대인의 생활양식에 따라 주거 공간들을 새롭고 다양하게 표현하여야 한다. 주거 공간은 사용자의 생활을 위한 무대와 같기 때문이다.

최근에는 아이들을 자유롭게 키우기 위해 전원으로 나가 단독주택을 지으려는 젊은 부부들이 늘어 가고 있다. 단독주택을 지어서 살려고 하는 사람들의 가장 큰 이유는 자기가 원하는 주거 공간들에 대한 꿈이 있기 때문이다. 영화 속에서 보았던 집, 여행지에서 보았던 기억에 남는 집들, 호텔에서 경험한 공간이나, 어릴 때 본 잡지 속 주택 공간에 대한 꿈 등 다양한 경험을 통해 형성된 자기만의 공간을 가지려는 축적된 꿈을 이루려 단독주택을 짓고 싶어 한다.

그리고 집이 완성되면, 나만이 가지고 있는 주거 공간을 친지 · 친구들에게 보이고, 자신이 어떤 사람인지 건축으로 말하려 한다. 이 단계는 의상이나, 장신구, 자동차의 차원을 넘어 주거 공간은 그 사람을 둘러싼 피부의 역할에서 시작하여, 그곳에 사는 사람의 우주 전체라 해도 무방할 것이다.

주택 내에는 그 사람의 취향대로 가구들이 들어오고, 커튼이 들어오고, 벽들은 시간을 두면서 차차 장식되고, 외부 정원은 주인들의 취향대로 가꾸어져 이웃에 나를 표현한다. 이렇게 시작된 주택은 바로 집주인 자체이며, 그곳에서 우리

숙녀와 건축

는 주인의 역사와 가치관을 모두 읽어 낼 수 있다.

우리나라 대부분의 건축주들은 주택에 자신의 정체성을 적나라하게 표출하는 것을 금기시한다. 서양인들에 비하면 매우 절제하는 편이다. 공동체의 결속이 강한 민족성 때문이다. 임진왜란 이후 양반들의 사치에 제동을 걸고자, 집을 크게 화려하게 지을 수 없도록 한 정책이 지금까지 유교와 함께 우리 정신세계에 내려오고 있기 때문이다.

슈뢰더 하우스(1923-1925)

판스워스 하우스(1952-1955)

퍼킨스 하우스(1945-1951)

2부

창의적 숙녀가 사는
새로운 주택 이야기

: 20세기 건축사를 장식한 주택 3

예술을 사랑한 미망인 **슈뢰더 부인**의 집과 건축가 **게릿 리트벨트**

네덜란드 암스테르담에서 기차로 1시간 30분 정도 떨어진 작은 도시 위트렉 Utrecht에는 건축 전공을 하는 학생들이나 건축가들이 성지처럼 들러 보는 작은 집이 있다. '슈뢰더 하우스'라 불리는 이 집은 약 100년 전 1924년에 설계되어 1925년에 완공되었다. 이 주택은 트루스 슈뢰더 Truss Schröder라는 젊은 미망인과 그녀의 세 자녀를 위해 설계되었다.

1920년대 세계 건축계는 그 당시까지는 보지 못했던 새로운 건축들이 소개되고 지어지기 시작한 시기이다. 이 무렵에 건축 역사에서는 '모더니즘 건축' 또는 '국제주의 양식'이라고 명명되는 건물들이 새롭게 나타났다. 슈뢰더 하우스는 이 당시 지어진 집으로, 100년이 지난 지금 보아도 생소하지 않고 현재 우리나라 전원주택에서 가끔씩 흉내 내어 유사한 형태로 차용되기도 하는 집이다.

그러나 지어진 당시에는 그 동네에서는 기이한 형태의 집으로 입에 오르는 건물이었다. 슈뢰더 부인의 자녀들이 '저렇게 이상하게 생긴 집에 사는 아이'라고 놀림받을 정도로 그 시대에는 완전히 새로운 형태였던 이 집은 가구디자이너이면서 실내건축가였던 게릿 리트벨트가 설계했지만, 건축주인 슈뢰더 여사와의 공동 작품이나 마찬가지이다.

건축주의 앞서간 새로운 생활 방식에 대한 열망이 고스란히 녹아 그때까지는 볼 수 없었던 주택이 설계된 것이다. 슈뢰더 부인의 창의적인 생활관과 이를 표현하여 집을 지어 살겠다는 의지는 건축가의 창의적 생각을 자극하여 근대건축사의 한 장면에 기록되고 새로운 건축이 파급되기 시작한 사례이다.

건축은 순수예술과는 달리 건축주의 의뢰가 있어야 설계가 시작된다. 설계도 마음대로 하는 것이 아니라 건축주의 요구에 맞추어 공간 계획이 이루어져야 한다. 건축주의 생활을 불편하게 하지 않는다는 기본을 충족시키면서 건축가의 건축 철학을 내세워야 한다. 그래서 건축가에게 어떤 건축주를 만나느냐는 작품의 성패를 좌우하는 매우 중요한 일이다.

마찬가지로 건축주는 자신이 원하는 공간을 최대한 반영하고 자신이 원하는 주택 이미지를 표현할 수 있는 건축가를 만나기 위해 여러 건축가와 상담하기도 한다.

/ 투루스 슈뢰더 여사는 건축가 게릿 리트벨트를 어떻게 만나게 되었을까? /

1920년대는 네덜란드에서 가장 첨단 회화인 데 스틸 화풍이 일어나는 시기였다. 몬드리안이 그 대표적인 화가이다. 건축도 마찬가지로 데 스틸의 흐름이 시작되는 시기였다.

암스테르담 중심으로 확산되는 새로운 경향을 슈뢰더 부인은 빠르게 받아들이고 새로운 예술의 흐름에 매료되어 있었다. 신경향 사조에 매력을 느낀 슈뢰더 부인은 암스테르담과는 거리가 있는 작은 도시 위트렉에서 예술의 새로운 흐름에 관심을 두고 있었지만, 자신이 살고 있는 보수적인 지방 도시에서는 접할 수 없어 답답함을 느끼면서 지내고 있었다.

숙녀와 건축

그러나 그 도시에서 유일하게도 가구 디자이너인 게릿 리트벨트는 자신의 가구 디자인에 데 스틸풍을 적용하면서 새로운 흐름을 받아들여 디자인을 하고 있었고, 리트벨트는 슈뢰더 부인의 서재를 새롭게 꾸미는 작은

몬드리안 회화

일을 맡으며, 건축주의 부인과 예술적 취향이 서로 유사함을 알게 된다.

유복한 가톨릭 중산층 가정에서 태어난 건축주 투루스 슈뢰더는 아주 어린 시절 어머니가 돌아가시고, 일찍부터 기숙학교에서 종교 · 철학 · 예술 등에 흥미를 가지고 교육받았다. 약사로 훈련을 받은 투루스는 약학보다는 문학이나 철학, 건축 등에 더 많은 관심을 가지며 이 분야의 저서들을 접했다. 작가이며 예술평론가로 활동한 언니 앤의 영향이었다.

슈뢰더 부인의 언니 앤은 더욱 적극적인 삶을 개척하는 성향으로 의사와 결혼하여 암스테르담으로 이주하여 살았으며, 그 당시 네덜란드의 반 되스버그 등 데 스틸이라 불리는 아방가르드 그룹의 예술가들을 동생 투루스에게 알려 주곤 하였다.

동생 투루스는 위트렉의 보수적인 변호사와 결혼하여 고

향에 살게 된다. 결혼 후에도 슈뢰더 여사는 언니를 통해 암스테르담의 새로운 예술에 대한 정보와 세계 예술계의 자료를 접하면서 암스테르담의 새로운 예술 분위기를 동경하며 지내왔다.

이렇게 새로운 사회와 가치관을 동경하는 투루스는 남편과의 생활에서도 여러 가지 맞지 않는 부분이 많았다. 집 안의 장식 스타일이나, 자식들의 양육 방법에서도 서로 의견 충돌이 있었다. 슈뢰더 부인은 모던한 스타일과 그 당시 첨단 스타일의 주택을 원했으나, 변호사인 남편은 전통적이며 보수적인 스타일을 고집한 것이다.

이렇게 서로 다른 취향을 가지며 지내는 날들을 보내다 남편이 슈뢰더 부인의 서재를 새롭게 꾸밀 것을 허락하며, 자신의 동료로부터 게릿 리트벨트라는 가구디자이너를 부인에게 소개하여 서재를 새롭게 꾸미도록 하였다.

리모델링을 의뢰받은 리트벨트는 서재의 의자, 데이 베드, 암체어, 테이블 등을 새롭게 디자인하여 밝고 가벼운 분위기의 모던한 스타일로 바꾸어 슈뢰더 부인을 만족스럽게 하였다. 서재는 고전적인 어두컴컴하고 육중한 분위기에서 벗어나, 현대적이며 당시 미술의 가장 앞서가는 경향을 따라 새로운 스타일로 꾸며졌다.

요즈음 우리나라 여성들은 오히려 슈뢰더 부인이 살았던

숙녀와 건축

층고가 높고 어두운 주택이 이국적이라 선호하는 경향인 데 반해, 이러한 주택으로 둘러싸인 지역의 여성들은 또 다른 새로운 양식을 원하는 것은 흥미로운 현상이다. 개성 있는 사람들은 주변에서 흔히 볼 수 없는 스타일로 개성을 표현하고 싶어 하기 때문일 것이다.

가구의 형태나, 조명기구, 방의 형태는 지금까지 볼 수 없었던 아주 새로운 형태로 디자인되어 제작되었고, 앞으로 변화해야 하는 모던 스타일의 서재가 탄생하게 된다. 이때부터 게릿 리트벨트와 슈뢰더 부인은 새로운 가족생활 양식, 예술에 대해 많은 이야기를 나누게 되며, 예술과 미래의 생활에 대한 아이디어를 공유하기 시작했다.

슈뢰더 부인은 자신이 원하는 예술의 새로운 표현과 생활의 새로운 방식을 자신의 주거 공간에 담아내는 데 관심을 가지며, 경제적으로 부유했던 남편 슈뢰더의 재정적인 후원으로 위트렉의 아방가르드 예술 단체를 후원하며, 지적이며 앞선 여성으로 미래 주거 생활에 대해 선도적인 태도를 보이며 일상을 살아가게 된다.

그 당시는 유럽의 전역에서 여성운동이 일어나던 시기로, 슈뢰더 여사는 기혼의 전업주부이지만 전업주부들의 가사 활동이나 가족생활에 대해 변화해야 한다는 생각을 하며 페미니즘의 입장에서 생활 변화를 시도하였다. 전통적인 주택 공간에 대한 불만과 모순을 생각하고 자신이 원하는 주거 공간의 형태는 이웃의 전통주택과는 완전히 다른 주택을 꿈꾸며 지내왔다.

가족들이 닫힌 공간에서 생활하는 방식이나, 집 안에서의 자녀 교육을 그 당시 유럽의 상류사회에서 흔히 행하던 가정교사에게 맡기는 교육을 부정하며 남편과는 자녀교육에 대한 생각에 대해서도 서로 의견 충돌이 있었다. 그녀가 처한 현실은 보수적인 남편과 전통방식으로 살아가는 상황에서 벗어나기 어려운 실정이었다. 아마도 경제적인 측면을 제외하고는 일상적으로는 크게 행복한 결혼 생활은 아닌 것으로 추측된다.

슈뢰더 부부의 이러한 결혼생활은 12년 남짓 지속되다 남편이 세상을 일찍 떠나게 된다. 많은 유산을 상속받은 슈뢰더 부인은 경제적으로는 큰 어려움을 가지지 않는 젊은 미망인이 되었다.

이때부터 슈뢰더 여사는 자신이 동경하던 그 당시 아방가르드 스타일을 자신의 일상생활 가운데로 적극적으로 받아들일 수 있게 된다. 위트렉의 예술 활동에 관심을 가지며, 자신이 사는 아파트를 개조하는 일을 계획하면서 다시 리트벨트에게 아파트 개조를 의뢰하였고 새로운 주택 공간 만들기가 시작된다.

숙녀와 건축

리트벨트의 제안으로 아파트의 개조보다는 주택을 새로 지을 땅을 구하고 설계가 시작되면서 세기의 명물 주택이 탄생하는 계기가 된다.

/ 슈뢰더 여사가 열망한 새로운 주택 공간 /

유럽의 중산층 주택들은 우리나라 전통주택의 공간들과는 달리 온통 벽돌벽으로 구획되어 있다. 각자의 방들은 문을 닫으면 개인의 사적 공간으로 구획된다. 가족들은 정해진 식사시간에나 식사실에서 만나 대화를 나누고, 부모들은 자녀들 방에서 일어나는 일상적인 일을 자연스럽게 살펴볼 수 없는 공간 구조이다.

슈뢰더 여사 또한 남편의 생존 시에는 이러한 자녀 교육관이 서로 일치하지 않아 전통적인 주택에서 전통적인 자녀 교육을 시키며, 오랫동안 내려오던 규범에 맞추어 생활하였다.

가족생활은 개인의 사적 공간은 확실하게 확보되었으나, 식구들 간의 자연스러운 교류는 이루어지지 않는 공간 조직이라 볼 수 있다. 특히 자녀 교육은 가정교사가 맡고, 가사는 가사 도우미의 도움으로 부엌은 주인들의 생활공간과는 분리

되어 가족 내 주부의 위치는 애매하여 주부의 정체성이 모호한 평면 구조라 볼 수 있다.

전통사회에서 현대사회로 변화하는 시기에 네덜란드 전원도시의 전통주택 구조에서 생활하는 신세대 여성이 이러한 주택 구조에 불만을 가지는 것은 당연하다. 슈뢰더 여사가 페미니즘에 동조하는 신여성으로 미망인이 된 시점에서 새로운 주거 공간을 계획하고 열망하는 것은 그녀의 앞으로의 건강하고 행복한 가정생활을 위한 첫 번째 작업이었다.

슈뢰더 여사는 이러한 부모 자식 간의 구획된 생활공간에 대한 회의를 가지고, 자녀들의 침실 공간조차도 모두 열려 있는 주거 공간을 상상하였다. 남편과의 사별 후 슈뢰더 여사는 꿈꾸어 온 새로운 공간들이 있는 주택에서 가족들 간에 열려 있는 생활이 가능한 주택을 짓게 된다.

/ 미망인 슈뢰더 여사와 슈뢰더 하우스의 탄생 /

1923년 남편 슈뢰더의 죽음 이후, 슈뢰더 여사는 어린 자녀들과 함께 살아 갈 이상적인 생활공간을 마련하려 아파트를 개조할 계획을 세웠다. 그러던 중 건축가의 제안으로 연립주택의 가장 끝에 위치한 한 택지에 새로운 집을 짓기로 하고, 대

숙녀와 건축

지를 매입하여 집을 설계하기로 결정하였다.

이때부터 슈뢰더 여사는 남편 생존 시에는 서로 맞지 않았던 전통적인 생활 방식을 버리고 자신이 추구 하던 대로 가사생활에 대한 생각을 펼치기 시작하였다. 자신이 원하던 삶의 방식을 주택 공간에 아낌없이 표현한 것이다. 건축 공부를 하지 않은 슈뢰더 여사는 리트벨트의 도움을 받으며 함께 설계하게 된다. 이 집은 1층 공간을 제외하고는 매우 새로운 형태의 열린 공간으로 설계되었다.

12살과 11살의 딸 그리고 6살 아들을 둔 슈뢰더 여사는 자신과 그녀의 딸과 아들과 함께 어떤 주거 공간에서 어떠한 가족생활을 해야겠다는 뚜렷한 소신을 가지고 새로운 주택을 계획하였다. 방들은 이동식 벽으로 구획하였다. 동양의 미서기문 같은 공간 구획이다. 자녀들이 하교 후, 숙제와 놀이를 할 때는 벽을 모두 열면 하나의 개방된 공간으로 변하여 서로 하는 일에 관심을 가질 수 있도록 내부 공간을 계획하였다.

취사 공간도 마찬가지로 당시 부유한 계층에서는 집안일을 돌보는 도우미들이 분리된 부엌에서 식사를 준비하는 주택 구조였으나, 새로운 주택은 이러한 주된 부엌을 아래층에 두면서도 거실의 한편에 열려 있는 취사 공간을 설치하는 등 그 당시는 매우 앞서간 주택으로 구상하였다.

이렇듯 슈뢰더 여사는 식사 만드는 일은 가족 중 누군가가 원하는 시간에 원하는 음식을 만드는 것이 가능해야 한다는 취사에 대한 생각 또한 앞서 있었으며, 당시의 집안일과 주부의 역할에 대해서도 앞선 가치관을 가지고 있었다.

이 집은 열려 있으면서도 원할 때는 이동식 벽을 닫아 개인의 공간으로 구획될 수 있어 융통성 있은 시대 조류를 앞서가는 최초의 모더니즘 주택으로 볼 수 있다. 현대는 이러한 주택들이 흔하나, 그 당시에는 새로운 공간 구획으로서 최초라는 시도는 어느 분야에서나 위대한 일이다.

이 주택의 외관은 흥미롭고도 그 당시 몬드리안풍의 회화를 연상할 수 있는 모습을 하고 있으며, 내부의 칸막이벽과 바닥은 알록달록한 흥미로운 원색의 조합으로 칠해져 있다. 가구 또한 붙박이 형식으로 설치되었으며, 그 당시의 네덜란드에서 시작한 가장 첨단 회화양식이었던 데 스틸 양식이 고스란히 나타나고 있다. 우리에게는 '적청'이라는 이름의 의자로 잘 알려진 가구도 이집을 위해 디자인되어 내부 공간과 가구가 일체화된 디자인이다.

무엇보다 중요한 점은 슈뢰더 여사의 앞선 주거 공간에 대한 생각을 토대로 건축가 리트벨트와 슈뢰더 여사가 함께 아이디어를 나누며, 이 집의 설계를 마무리했다는 것이다. 건축주의 주거 공간에 대한 창의적이며 확고한 신념은 새로운 주택을 태동하게 하는 가장 중요한 원동력이 된다는 사실

숙녀와 건축

을 잘 알려 주는 주택 사례라 볼 수
있다.

적청의자

　그때까지 세상에서는 보지 못
했던 알록달록하면서도 가벼운 느
낌의 주택으로 지어지고, 움직이
는 벽을 둔 작은 집은 현재까지도
모든 건축인들에게 사랑받는 주택
으로 남아 있다. 건축을 공부하는 학생들이 네덜란드를 여행
할 때는 모두가 한 번씩 찾아가는 슈뢰더 하우스는 위트렉의
중요한 여행 거점이자, 네덜란드 데 스틸 건축의 대표작으로
서 건축 역사의 한 장을 기록하고 있다.

　리트벨트에게는 가구디자이너에서 건축가로 기록되는
첫 작품이기도 하며 슈뢰더 여사의 새로운 생활방식에 대한
소신이 없었다면 이러한 주택은 설계될 수 없었다. 이 집이
지어진 후 슈뢰더 여사와는 예술을 함께 논하고, 집 짓는 일
을 함께하면서 몇 채의 연립 주택을 짓는 동료로, 그리고 애
틋한 정을 나누는 친분으로 리트벨트가 저세상으로 떠날 때
까지 계속된 두 사람의 스토리는 이제 더 이상 사적인 비밀이
아니라 세상에 널리 알려져 있다.

　100여 년 전 네덜란드 여성의 진취적인 생각과 행동은 새
로운 건축을 태동시키는 큰 힘이 되었으며, 새로운 주택 탄생

에 건축주의 역할이 얼마나 중요
한지를 생각하게 되는 사례다.

독신 여의사 **에디스 판스워스**의 집과 건축가 **미스 반 데어 로에**

유리와 철로 된 현대건축을 전 세계에 전파시킨 독일 건축가 미스 반 데어 로에의 미국 내 초기 작품으로 빼놓을 수 없는 대표작인 판스워스 하우스는 독신 여성 의사를 위한 집이다.

1930년 후반 나치로부터 망명하여 미국 시카고 IIT대학의 전신인 아머 공과대학의 건축학부장으로 초대받은 독일 건축가 미스 반 데어 로에는 자신의 건축관을 실현시킬 개인 건축주를 찾지 못하고 대학 강의동을 설계하면서 지내오다 1945년에 젊은 여성 의사 에디스를 친구의 저녁 모임에서 만나게 된다.

에디스는 신장전문의로 어느 정도 여유 있는 경제력을 갖춘 40대 독신 여성이었다. 미스 반 데어 로에를 만나기 일년 전부터 주말을 보낼 만한 교외의 작은 주택을 지으려는 계획을 하고 있었던 참에 미스 반 데어 로에를 만나는 기회가 있었다. 그는 미국에서 설계 기회를 열렬하게 찾고 있던 중에 주택 설계의 기회를 듣게 된 것이다.

경제력이 있는 여의사 에디스로부터 이 계획을 들은 미스 반 데어 로에는 특별한 관심을 보였다. 두 사람은 바로 택지를 함께 보러 다니면서 에디스와 가까워졌다. 건축가는 자신이 독일에 있는 동안 몇 채의 주택을 설계하였지만 미국에는 처음으로 짓게 되는 집이어서 고집스럽게 자신의 건축관을 이 집에 표현하게 된다.

/ 주거 공간에 대한 요구가 전혀 없었던 건축주와
건축가의 열정이 낳은 새로운 주택 /

건축주 에디스는 어떤 스타일의 주말 주택을 원하는지 확고

　　　　　　　　　　　　　　　　　　　숙녀와 건축

한 아이디어는 없었지만, 건축가 미스 반 데어 로에의 작품을 실현할 수 있도록 한다는 생각은 뚜렷하여, 설계비와 공사비만 부담하는 역할에 머물렀다. 반면 건축가는 자신이 원하는 작품을 미국에서 실현할 건축주를 찾고 있던 때여서 서로 잘 맞는 건축주와 건축가로 주택 설계는 시작되었다.

이 주말 주택은 그 당시의 앞서가는 모더니즘 건축에서 나타나는 융통성 있는 열린 공간의 철학이 적극적으로 표현된 건축이다. 이 집에는 벽이 하나도 없다. 가로 23.1미터, 세로 8.4미터 공간이 하나로 트여 있고, 단지 욕실과 탈의하는 드레스실만 머리 높이를 가릴 수 있는 정도의 낮은 칸막이 벽으로 가리어져 있다. 외벽은 사방이 모두 유리로 되어 있어 내·외부는 시선이 투명하게 투과하여 하나의 공간처럼 트여 있다. 현대 도심의 유리로 된 사무소 건축과 같은 모습이다.

건축주 에디스는 이러한 건축가의 작품 의도를 존중하여 이 집은 말 그대로 사용자의 의도가 반영되지 않은 건축가의 작품 의도를 한없이 표출한 대표적인 사례이다. 그만큼 건축가 미스 반 데어 로에는 카리스마 넘치는 태도로 자신의 건축관을 고집스럽게 관철시키는 건축가였다.

이 집을 설계하면서 42세 독신이었던 건축주와 부인과 이혼 상태로 지내던 59세 건축가는 남녀 사이의 연인으로 발전하게 되어, 여의사 에디스는 시간이 날 때마다 건축가의 사무실에 들러 직원들 하고도 친하게 지내며 이 집이 지어지기 시작한다.

/ 건축주와 건축가 사이의 비극 /

그러나 집이 완성되어 가던 무렵, 시공비가 초기 예산보다 많이 들어가 예산의 2배가량의 공사비가 들었고, 설계비도 너무 많이 청구되어 건축주와 건축가 사이에 문제가 발생되었을 뿐 아니라 두 사람의 가까웠던 연인 관계도 시들해지게 된다. 마침내는 집이 완공될 무렵에는 건축가와 건축주는 서로 직접 대화 조차도 하지 않을 정도로 멀어지게 되었다.

우여곡절 끝에 집이 완공되고, 건축가는 자신의 작품을 완성하기 위해 건축가가 디자인한 가구, 커튼 등을 설치하기를 강요하였다. 마침내 건축가 미스 반 데어 로에는 이 집을 완공하기 위해 미리 사용한 개인의 비용을 건축주 에디스에게 청구하였지만, 에디스는 초기 견적보다는 과다하게 지출된 공사비와 입주하자마자 비가 새는 문제 등을 제기하며 지불을 거절하자, 마침내 법정 공방으로 이어졌다. 결국 건축주 에디스는 건축가가 청구한 금액의 3분의 1 정도를 지불하면서 소송은 일단락되었다.

판스워스하우스는 건축사에 빛나는 세기의 걸작이다. 특히 건축가 미스 반 데어 로에가 미국에 남긴 유일한 주택 작품이다. 건축가의 철학이 완벽하게 담긴 미니멀 스타일의 이 집은 주변의 경관을 최대한 즐길 수 있도록 온통 유리벽으로 마감했다. 여의사 건축주가 건축가의 건축철학을 그대로 따르며 현실화되었다. 주말 주택이라는 특성도 있었지만 자신이 어떤 집에 살아야겠다는 생각이 없었고, 건축가가 삶을 제안해 주기를 바라며 지어진 집이다.

그러나 건축주가 이 집에 살면서 불편해하는 점은 한두 가지가 아니었다. 우선은 당시의 유리 기술로는 내 · 외부 온도차가 큰 겨울에는 온 집이 결로 현상으로 유리에 물이 줄줄 흘러 지저분한 외벽을 내내 보고 있어야 한다는 점이었고, 탈의할 장소 외에는 벽이 없었던 이 집에서는 행동 하나하나가 어색할 수밖에 없었다.

결국 편안하게 쉴 수 있는 공간이 아니라는 점은 집의 기본을 충족시켜주지 못했다. 어린 시절부터 경험하던 어느 정도 사적인 시간을 보장해 주는 집이라는 공간에 익숙해진 건축주의 주거 경험을 건축가는 인지하지 못했던 것이다.

마찬가지로 건축가가 디자인한 가구 역시 건축가의 제안대로라면 핑크빛 의자가 놓일 뻔했으나 건축주의 반대로 주택에서 흔히 사용하는 차분한 색상으로 바뀌게 되었다. 아마도 건축가는 유리 상자 속에서 인형처럼 예쁘게 아니면 영화 속 여주인공처럼 누가 보아도 어색하지 않는 행동만을 하며 살아가는 여성을 상상했을까?

1940년대 미국의 독신 여성들은 그 당시 특수한 생활양식을 가진 부류였다. 2차 대전이 끝나고 전쟁에서 돌아온 후, 남성들은 결혼하여 행복한 가정을 꿈꾸었고, 여성들은 결혼 후 전업주부로 홈 스위트 홈을 꾸리는 분위기가 사회적인 대세였다.

여성들의 주된 선택을 떠나 결혼을 거부하고 독신 전문인으로 살아가던 에디스는 주말이면, 음악을 들으며 외롭고 지루한 시간을 보내면서 따분하게 지낼 수밖에 없었다. 주말에 시간을 보낼 집을 지으려는 계획 중에, 독일에서 바우하우스 학장을 지냈고 아머 공대 건축학부장으로 있는 카리스마 있는 건축가 미스 반 데어 로에를 만난 것은 흥미로운 생활의 시작이었을 것이다.

바이올린을 공부하고, 젊은 시절 로마에서 오랫동안 생활했던 에디스는 유럽 문화를 동경하고 예술을 좋아했던 여성으로 주말 주택을 설계하면서 미스의 작품 속으로 빠져들 수밖에 없었다.

의사로 전문직에만 몰두하며 지내온 여의사는 자기의 집을 어떻게 하는가에 대해서는 별 아이디어가 없었다. 당연히 집안일에도 무관심하여 생활하는 집으로의 프로그램이 없이 건축가의 순수작품으로 설계되는 과정에 후원자로의 역할만 있었을 뿐이다. 건축주로서 그 집에서 사는 사람으로의 요구는 제외된 집이 탄생된 것이다.

에디스는 계획도면에서조차도 건축의 삼차원적인 결과물은 상상하지 못했으며, 주택설계에 몰입하는 건축가의 열정만을 높이 샀다. 마침내 시공 단계에 가서 두 사람 사이에는 점점 문제가 생기게 되고, 공사비와 부실공사로 소송 단계까지 가는 비극을 맞게 되었다. 당연하게도 두 사람의 남녀 간의 연정은 싸늘해져 갔다.

이런 경우는 생활의 지루함을 주택설계나 건물설계로 해결해 보려는 부류들에서 현대에도 유사하게 일어나고 있다. 친한 친구 사이에 건축가와 건축주가 된 경우에 집을 지어 가면서 서로 사이가 멀어지는 경우도 자주 볼 수 있다. 중요한 점은 집을 의뢰하는 경우에는 자신이 원하는 바가 확고하게 스스로 정리될 때 건축가를 찾아야 한다는 점이다.

건축가는 여러 방면에 관심이 많고, 공학인도, 예술인도 아닌 꽤 매력 있는 직업인이다. 이성 간에 건축가와 건축주로 만났을 때 여성 건축주는 남성 건축가에게 이성으로 매력을 느끼는 경우가 종종 있다. 건축가 역시 살아갈 집에 대해 서로 의견을 나누다 보면 인간적인 흥미를 느끼고 잠깐 동안의 남녀 관계로 발전되기도 한다.

그러나 이러한 경우 건축 설계가 끝나고 시공 단계에서 경제적인 문제가 현실적으로 닥치게 되면, 특히 많은 경우 건축공사비는 예정보다 높아지고, 이 경우에 관계가 좋지 않게 끝나는 경우가 흔하다. 유명한 집을 가지기 위해 에디스는 건축주의 역할보다는 작품에 열망하는 건축가의 좋은 후견인이 되어 주었다. 적어도 초기 설계 단계에서는 그랬다.

판스워스 하우스는 완공 후 여러 건축 잡지를 비롯하여 여성지에 소개되면서 유명세를 탔다. 많은 사람들이 관심을 가질수록 투명한 유리벽에서 생활하는 건축주는 정말 불편했을 것이라는 점은 어렵지 않게 상상된다.

에디스 판스워스는 훗날 은퇴 후 이탈리아로 이주하여 살면서 세계적인 건축가가 설계한 이 집에 대해 많은 불편함을 토로하였다. 이곳에서는 어느 한 곳이라도 숨을 곳이 없고, 쓰레기조차도 유일하게 벽으로 가려진 탈의 공간에 숨겨야 하는 전시를 위한 집이었다고 회상한다.

전통적인 디자인 요소는 배제된 직선형의 최첨단 가구들은 나중에 에디스의 취향대로 장식이 있는 전통적인 식탁으로 바꾸어 사용하고, 아무 장식이 없던 무미건조하던 넓은 테라스에는 전통 장식의 동물 조형물을 두어 건축주의 취향으로 꾸며져 현대 주택의 모델 하우스 같았던 전시 주택은 건축

판스워스 하우스 내 · 외부 사진 (© 전민수)

주의 역사와 생활관이 깃든 집으로 변화되면서 주말주택으로 1970년대까지 사용되었다.

판스워스 하우스는 건축 역사에는 한 획을 긋는 중요한 작품이지만, 건축주의 입장에서는 행복하게 만족스러운 집이 아닌 우울한 개인 스토리를 가진 집이다. 건축가는 자신의 건축관을 완벽하게 표출하는 실지 집을 짓게 되는 행운을 가져왔을 수도 있다. 그러나 건축주와 건축가 간의 소송 사건은 분명 불미스러운 사건이다.

주택은 그 안에서 살아가는 사람의 공간적 피부라고도 볼 수 있다. 그 사람을 알 수 있고 표현하지만, 신체 내부의 장기를 피부가 적절하게 숨겨 주듯이 그 사람의 내면을 표출하기도, 감춰 주기도 하는 복잡 미묘한 역할을 한다.

미니멀리즘적 건축관은 의도적으로 아무것도 표현하지 않는다. 마찬가지로 유리라는 재료는 비물질적 투명성으로 그 자체로는 아무것도 말하지 않는다. 그냥 내부를 바깥으로 드러내고, 외부를 안으로 끌어들여 준다. 강변에 위치하고 사람들의 인적이 드문 강가 대지라 침실조차도 전형적인 집처럼 시각적 차단이 필요 없는 것으로 생각한 건축가가 사용하는 사람의 집에서의 내면적인 심리를 감지하지 못해서 일어난 일이다.

주장이 강한 건축가의 카리스마를 건축주에 너무 주입하여 건축가의 생각을 일방적으로 주택에 표출한 결과라 볼 수도 있다. 세기의 멋진 집이 가지고 있는 보이지 않는 슬픈 공간 이야기를 담고 있어 안타까운 사례이다. 분명한 점은 건축주가 건축가에게 시시각각 주거 공간에서 어떻게 살아가는지에 대한 확고하고 세밀한 아이디어를 충분하게 전달하지 않아서 생긴 결과라는 점이다.

집이 다 지어지고 잡지에 소개되고 특히 이러한 소송사건이 신문에 보도되면서 주말이면 이 집을 구경하러 오는 사람들로부터 에디스는 피할 수 없는 유리벽 안에서 불편한 생활을 감수했다고 전한다. 그래도 독신녀의 따분한 주말 시간이 방문객으로 조금은 새로운 경험의 시간을 보낼 수 있지 않았을까 하는 다소 엉뚱하면서도 짓궂은 생각이 든다.

이 사건으로 세상 사람들의 입에 오르내리는 작품을 소유하게 된 것은 에디스에게는 행운이라고도 할 수 있을 것이

숙녀와 건축

다. 그러나 자칫 훌륭한 작품을 가지지도 못하고 애매하게 마음에 들지 않는 집으로 끝나는 경우에는 사람 사이의 관계도 불편해지고 집도 마음에 들지 않아 불편해지는 우는 범하지 말아야 할 것이다.

판스워스 주택의 사례를 통해 건축주의 집에 대한 생각과 진정으로 원하는 주거 공간에 대해 정리해 보는 일은 좋은 집을 짓기 위한 중요한 과정임을 알 수 있다. 건축가가 정해 준 집에 대한 이미지는 진정으로 원하는 자신의 모습이 아니기 때문이다.

건축주는 집을 의뢰할 때 자신이 원하는 점을 확고하게 전달하여야 할 뿐 아니라 건축가는 건축주를 파악하기 위한 여러 질문과 대화를 나누어야 한다. 그리고 상호 보완해 가며 주택은 설계되어야 한다. 더욱 중요한 점은 이러한 자신의 생각을 관철시켜 자신의 스타일로 표현해 줄 수 있는 건축가를 만나야 하는 것도, 그 집이 정말 살기 좋은 집이 되기 위한 필수조건이 된다. 집을 짓는다는 일은 일생 한 번 있을까 말까 한 인생의 중요한 일이기 때문이다.

독신 여교수 **콘스탄스 퍼킨스**의 집과 건축가 **리차드 노이트라**

건축가 리차드 노이트라는 오스트리아에서 미국으로 건너가서 미국의 로스앤젤레스 LA에 자리 잡은 유명한 건축가이며, 1949년 타임지의 표지에 소개될 정도로 좋은 평을 받고 있는 건축가였다. 그는 미국 서부에 많은 주택을 설계했으며 건축평론가들이 주목하는 Case Study House 중에도 그가 설계한 몇 작품이 있다.

1930년대 미국 LA 근교 전원도시에 중산층을 위한 주택 설계로 자리를 잡은 건축가 노이트라는 건축가들은 부유계층을 위한 작업보다는 중산층이 상상하는 꿈의 집에서 살 수 있도록 하는 것이 바람직하다고 생각하는 건축가였다. 그의 주택 작품 중 '퍼킨스 하우스'라 알려진 작은 보석 같은 집은 옥시덴탈 대학의 미술학과 퍼킨스 교수를 위한 집이다.

어느 날 퍼킨스 교수는 자신이 주관하는 컨퍼런스의 토론자로 건축가 노이트라를 초청하면서 서로 만나게 된다. 이후 퍼킨스 교수는 학생들과 함께 노이트라가 설계한 주택들을 견학하는 기회를 가지며 자연스럽게 두 사람은 서로 가깝게 왕래하게 되었다. 그리고 상대방의 일을 존중하며 전문가로서 서로를 격려하는 관계가 지속되었다.

당시 노이트라의 건축관은 저소득계층을 위한 저렴한 주택 공급은 실패하였고 서민계층이 자신들이 상상해 온 집에서 살 수 있도록 건축가들이 노력해야 한다는 생각이었다.

독신인 퍼킨스 교수는 39세가 되어서 비로소 그녀의 가족으로부터 독립하게 된다. 미술전공인 그녀는 살고 싶은 집과 그녀만의 뚜렷한 예술관을 가지고 살아가는 개성 넘치는 여성이었다. 40세 생일이 되던 날, 콘스탄스는 더 이상 다른 사람들처럼 살아가지 않고 독신 여성으로서 작품과 저서와 캘리포니아 조경에 심취하여 살아가는 그녀만의 공간을 가지기로 결심하였다.

록펠러 재단의 장학금으로 1951년에서 1952년 사이에 유럽과 캐나다, 멕시코 등의 건축물을 돌아본 경험으로 그녀는 학교 강의에도 가끔씩 건축특강을 주관하였다. 물론 건축가 노이트라도 강의에 자주 초청되었다. 세계가 유럽풍 예술이 대세를 이루던 시기에 비유럽풍의 지역 특성을 연구하는 퍼킨스의 예술관을 노이트라는 높이 인정하여 서로 의견을 교환할 수 있는 동료로 생각하게 된다.

퍼킨스 교수의 작고 저렴한 주택은 노이트라와 같은 유명한 건축가에게 의뢰하기에는 현실적으로 가능하지 않은 일이었으나, 노이트라는 퍼킨스 교수의 자신만의 세계를 고집하고 자기의 일에 열정적인 점을 좋아하며, 그녀의 주택을 그녀가 원하는 대로 표현하기에 최선을 다하여 설계하게 된다.

이 집은 그녀의 스튜디오가 집 안의 중심이 되고 그곳에서 작업하며 취침할 수 있는 침대가 있는 작업실이 있고, 특히 젊은 시절 감명받은 열대풍의 조경과 자유곡선형의 인공 연못이 거실 내부에서 테라스로 이어져 내·외부가 하나의 공간처럼 보이는 매력적인 공간이 연출되고 있다. 정원과 외부 공간에 대한 건축주의 생각을 그대로 존중하며 건축가는 이를 드라마틱하게 건축 공간으로 풀어내어 이 집은 바로 퍼킨스 교수의 역사가 나타나고 미래의 생활이 담겨지는 공간으로 탄생되었다.

주택을 완성하기까지 설계비와 건축비는 그때 당시 저소득계층을 위한 아주 저렴한 주택을 구입하는 비용 정도였지만 건축주와 건축가가 함께 노력하여 설계된 이 집은 로스앤젤레스의 유명한 주택 중 하나로 기록되고 있다.

콘스탄스 퍼킨스 교수는 독신으로 40세가 되어서 가족으로부터 독립하게 된다. 모시고 있던 부친이 돌아가시자 부모를 돌보아야하는 책임에서 벗어난 시점에서 자신이 원하는 공간이 있는 집을 가지려는 계획을 세운다. 단독주택을 지을 만큼 경제적으로 넉넉하지 않은 콘스탄스는 은행 대출로 주택 자금을 마련하게 된다.

덴버에서 의사의 딸로 태어난 콘스탄스는 부모의 말에 순종하는 딸로 자라났다. 어려서부터 미술, 음악, 스포츠 등 교육을 받으며 자라난 콘스탄스는 콜로라도 대학에 미술전공으로 대학을 다니다 의사가 되려는 생각으로 진로를 바꾸었지만 꿈을 이루지 못하고 다시 덴버대학에 미술 전공으로 진학하게 된다.

그녀가 대학 4학년이 되던 해에 부모들로부터 더 이상 대학 학비를 지원받을 수 없어, 경제적으로 독립하라는 선언을 받고 지내다 짧은 기간 동안 덴버의 초등학교 교사 생활을 하게 된다. 그러나 그녀는 미술에 대한 꿈을 버리지 못하고 미술관에서 일을 하다 샌프란시스코 밀스 대학에 미술사 전공 석사 과정으로 입학하여 학위를 받는다.

이후 첫 번째 강의직을 덴버 대학에서 맡게 된 그녀는 독일이 히틀러 체제에 들어간 시기에도 방학이면 여행자금을 빌려 유럽 건축 기행을 하면서 직접 답사한 자료를 모아 학생들에게 강의하곤 할 정도로 자신의 일에 열성적인 교수였다. 2차 세계 대전이 끝난 후 콘스탄스는 적십자 봉사단으로 호주와 아프리카에 체류하면서 간호보조사로, 운전병으로 틈틈이 군인들에게 오락 시간 동안 공예를 가르치고 아프리카의 정글 생활을 경험하는 동안 인생이 크게 달라진다.

모친이 돌아가시고, 부친마저 뇌졸중으로 쓰러져 외딸인 콘스탄스는 미국으로 돌아가서 남가주 YWCA 총괄비서로 취직하게 되고 부친을 캘리포니아로 모시고 와 어려운 생활을 시작하게 된다. 월 75불의 임대료를 지불하는 열악한 임대주택에서 부친과 함께 생활하던 콘스탄스 교수는 다시 새로운 직장을 찾아 옥시덴탈 대학에 미술전공 교수로 부임하게 되어 퇴임 때까지 그 대학에서 교수로 재직하였다.

부친이 돌아가신 후, 가족으로부터 책임이 없어진 그녀는 자신만을 위한 공간을 가지려는 계획을 세운다. 퍼킨스 교수는 처음 집을 지으려고 생각했을 때 건축가 노이트라에게 조심스럽게 설계를 부탁하면서 자신의 예산을 얘기하고 최소

숙녀와 건축

한의 필요한 공간을 전달하게 된다.

노이트라는 콘스탄스의 예술과 건축에 심취하여 미술전공의 교수로서 자신의 일을 즐기는 모습을 존중하였고, 작업과 주거 생활을 동시에 할 수 있는 자신만의 공간을 열망하는 태도에 연민을 가지고 그 당시 노이트라의 명성으로는 맡을 수 없는 정도의 작고 저렴한 주택을 설계하기로 마음을 정하게 된다.

/ 건축가에게 서신으로 원하는 삶의 공간 이야기 전달하기 /

이 집이 지어지는 과정에서 특별한 점은 건축주가 열망하는 공간을 소상하게 편지로 전달했다는 점이다. 건축가는 그녀의 일을 존중하여 건축시공비나 설계비의 현실적인 문제를 뛰어넘어 아담하면서도 세상에서 그때까지 볼 수 없었던 창의적인 집이 탄생하게 되었다.

퍼킨스 교수는 설계를 시작할 무렵 자기가 살아오면서 겪은 공간 경험들에 대해 서신으로 건축가에게 전달한 것은 건축주로서 건축가를 설득하고 본인이 원하는 공간에 대한 확인이며, 건축가가 설계에 열정을 가지고 작업할 수 있는 계기가 되었다.

특히 아프리카 뉴기니에서 경험한 정글 생활에 대한 자연 풍경, 소리, 색상 등 잊지 못할 기억들을 회상하면서 자신이 원하는 공간을 정리해서 건축가에서 글로 전달한 점은 자신이 원하는 주택으로 건축가가 영감을 가지고 설계 콘셉트를 생각할 수 있도록 한 중요한 설계 초기의 과정이다.

노이트라는 이러한 콘스탄스의 기억 속의 공간을 연상하면서 설계를 시작하여 결과적으로는 새로운 공법과 소재와 아프리카의 풍토적인 특성이 배어 나오는 이미지를 스케치하였다. 건축가는 대지 구입 시에도 콘스탄스를 도와 이 집이 들어설 땅을 찾는 것도 도와준다. 산이 보이는 작고 아담한 땅을 추천받은 콘스탄스는 바로 집 지을 준비를 하고 꿈을 실현하게 되었다.

그녀는 젊은 시절 적십자 봉사단으로 호주와 뉴기니에서 봉사활동을 하면서 감동받은 열대 조경과 함께 어떤 주거 공간을 원하는지 분명한 주택 프로그램을 전달하였고, 그녀의 평소 일상생활 속에서 일어나는 작업실 공간의 행동 패턴에 대해서도 소상하게 편지로 전달하였다.

그녀의 스튜디오는 생활의 중심이었고 그곳에서 작업했으며 제도책상은 드로잉 작업과 일반 책상 겸용으로 사용했다. 마찬가지로 종종 작업실에서 일을 하다 잠들게 되는 경우가 많아 침실은 손님을 위한 공간이 된다는 내용들도 편지로 전달하였다. 더욱 상세하게는 일을 하면서 산과 하늘을 바라보기 좋아하는 그녀의 습관까지도 함께 적어 보낸다.

건축가 노이트라는 건축주가 요구하는 공간을 충분히 파악하고 초기 스케치를 같은 사무실에서 부친과 함께 건축설계를 하던 아들 노이트라에게 발전시키도록 한다.

발전된 설계안을 본 콘스탄스는 자신이 생각하던 풍토색이 있으면서도 현대적인 분위기의 주택보다는 너무 첨단 재료로 표현된 안에 대해 자신의 생각을 다시 서신으로 상세하게 전한다. 자신이 경험한 아프리카 자연에 대한 기억 형상뿐만 아니라 소리와 색에 대한 기억 등을 자세하게 서술하여 자신의 기억을 작은 집 공간에 압축하여 표현하고 싶다는 글을 보낸다.

반짝이는 스테인리스 철강은 무광과 목재 구조로 바뀌게 되고, 내·외부가 하나의 공간으로 열려 보일 수 있는 투명한 유리벽이 거실 한쪽 벽이 되는 설계안으로 방향을 바꾸게 되고, 노이트라와 함께 자신이 좋아하던 칼더와 미로의 작품에서 영향받은 곡선 형태의 작은 풀을 외부와 내부에 걸쳐 마련하여 정글 분위기를 연상하는 공간을 만들게 된다. 이 집의 하이라이트 공간이라 할 수 있는 이 공간은 건축주 콘스탄스와 건축가 노이트라의 합작이라 해도 과언이 아니다.

이렇게 설계된 집은 건축주 콘스탄스가 살면서 매우 만

퍼킨스 하우스*

족하며, 그녀가 세상을 떠난 후에는 마지막으로 그녀가 자원
봉사로 일했던 헌팅턴 아트 갤러리에 기부되어 새로운 주택
이 태동되는 데 영감을 주기도 하고, 주택이란 살기 위한 기
계라는 그 당시의 건축 슬로건을 넘어 현대 주택의 차가운 분
위기보다는 따뜻한 감각이 깃든 집으로 다음 세대들에게 집
이라는 주제를 가진 현대건축을 새롭게 생각해 보는 즐거움
을 주는 대상으로 남아 있다.

---

* 참고: 세 개의 주택 사례 이야기 중 건축주에 대한 내용은 Friedman Alice, 『Woman and
the Making of the Modern House』 Harry N. Abrams Inc., 1998, N.Y. 의 내용을 일
부 참고하여 재작성함.

* 퍼킨스 하우스의 사진 출처는 Wikimedia Commons 임.

숙녀와 건축

To all the lady architects